世界の危機と再編のシナリオ

日本政治の役割は何か

向井豊明

明石書店

世界の危機と再編のシナリオ

——日本政治の役割は何か

向井豊明

◆目次

はじめに

現在人類は、今世紀最大のパンデミックに遭遇している。不条理と危機の織り成すこの現実は、改めて人類にその生と社会の在り方を問うている。とりわけその公共的な在り方を。

パンデミックが発生して一年余り、この間国家社会の「麻痺」や「横暴」が露わとなり、世界で膨大な数の個の生が死地に窮地に追い込まれていった。そして今もなおこの過酷な現実は、家庭、医療、経済、教育と社会全般に過大な負荷をかけ、とりわけ重症リスクの高い者達や生活困窮者達を恐怖と不安に貶めている。一方対策の要をなす多くの権力者達は、国民や住民の生命をはじめ基本的な権利（人権）をぞんざいに扱い、あるべき公共性を損じている。こうして不幸な状況が、今まさに世界に蔓延している。

ちなみにこの事態は、一部の識者達が示唆するようないかなる「宿業」でも「負債」でもなく、人類にとってのたんなる「不幸」にすぎないということ。もとより「不幸」と言っても、明確な指標があるわけではない。不幸の代名詞（負の符牒）として一般的に、身体的および精神的な「抑圧（ストレス）」や「貧困」が挙げられるが、いずれも主観的でしばしばエネルギッシュな生命活動の負の動因として肯定的にさえ語られることがあり、結局「不幸」と「幸」は個人的な思惟や感性に依拠し、両者間の境界も評価も曖昧な判断によらざるをえないことになる。とはいえこの度のパンデミックのように、日常の生命身体的および精神的な危機をもたらす「絶対的抑圧」や「絶対的貧困」すなわち「絶対的困窮」は不幸の極みであり、明らかに個の恣意的な判断基準を超え、公共社会における経済的かつ政治的な克服の最もプライオリティの高い対象となる。

有史以来世界は、地球上に多くの「絶対的困窮者」を産み出し、「有事」の度にその数を爆発的に増加させてきた。ところが近年に至るも世界政治は、もっぱら自らの権益の獲得や維持を優先させる多くの政治家達によって担われ、グローバルな問題に対しては無知か無関心か、いずれ困窮者に対する包括的で横断的そして何よりも迅速な充足からそれを可能にする「備品」の調達、インフラ整備などの公共的ネットワークの形成に関心を示さず、してかかる政治的サボタージュのつけを膨大な民衆の犠牲を以て支払わせてきたのである。

我々が近未来に希望の託せる、すなわち絶対的困窮者のいないそして限りなく不幸の少ない公共社会を創り出していくとすれば、先ずは「困窮」の発生源である国家と資本の構造および論理を明らかにし、合理的な対応を提示しなければならない。というのも国家と資本の両者が各々「自治」と「市場」の「分相応の役割」を超え、権力と富の集中・偏在化により専制、覇権、戦争、恐慌、搾取、差別、疎外、公害、核の脅威などの負の諸現象を招き、結果膨大な被抑圧者や貧困者を発生させ、さらに抜き差しならない絶対的困窮者へと追いつめてきたからである。とはいえ幾重にも張りめぐらされた国家のそして資本に纏《まつ》わりつく「壁」を乗り越え打破していくことは大変困難な営みである。それでも存在が「人造物」であるかぎり人為によって変えることができるのが道理。してそのモチベーシヨンとなる道理が、政治、経済、教育など社会の全領域に及ぶ民主化である。

地球上に生を受けた我々人類は、弱肉強食の諸生命存在間の食・被食と性の連鎖により、お互いが利用、断種、支配し合い、独自の「世界史」を築いてきた。なおその「公共性」は、人類の営為の記録を中心に無限膨大なる資料に通じたミクロ・マクロの実証的・情報的知の枠組みに託され、そのモザイク像が客観的かつ権威的なテクストとして実現している。私の俯瞰し認識する世界史もまたこの公共的なテクストを参照にする。しかしそれはヨーロッパ中心の「世界史」でも、日本の伝統の史観から俯瞰される「世界史」でも、またいかなる宗教的あるいは唯物機械的およびシステマチックな世界史でもない。というのは私が想像する史観のベースとなる世界像は、地球上の物質生命的に交錯する重層的な世界であり、世界史を語る著者の「権利」と「資格」は、自らが人類の一員として地球に寄生する一介の生命存在に賦与されたもの、と理解しているからである。ゆえに私の「世界史」は、基本的には他の諸生命との関係性に照らし俯瞰された人類史が、同時に陳腐ではあるが、生命および人類の共存共栄を願望する倫理的な意志をもはらむ「世界史」として生成してくる。当然そこでは災害、戦争、蹂躙、抑圧、差別、貧困、格差、汚染などの負の人類史的「出来事」は、倫理と科学を以って理解し反省し克服すべき対象となる。

生命存在間の縄張り争いの宿命的関係のなかで、人類もまた国家覇権という縄張り争いを以て、お互いが殺し合ってきた。ただ人類には世界を認識し統御する能力をも賦与されており、その政治的自覚は近代ヨーロッパ思想において開花し、人類は野蛮な獣世界からの脱出に努力が傾けられるようになった。なおその先端的な役割を担った思想とは、社会契約説をベースにした国民主権や人民主権および主権国家、三権分立や議会政治、人権と民主主義、さらに社会主義や共産主義などの制度、思想、イデオロギーであり、なかでも野蛮な人類史の最大の悲劇であり汚点でもある二度の世界大戦を経て、人権と民主および国際和平の理念は、国家の論理を超える地球世界的な公共的な価値として享受されるようになった。しかし戦後の世界政治は、なおも大国を中心に過去の悲劇を忘却したかのように愚昧で野蛮な覇権争いを繰り広げている。

このテクスト『世界の危機と再編のシナリオ』は、唯物生命的な地球世界の危機という自覚に基づき世界の変革および再編を目指す、すなわち現下の危機的、差別的な状況を踏まえ、その脱却という自らの願いを込め、過小な可能性に多大な望みをかけ提起された「主体性」論である。ところで主体性は、各々「主体」を規定し制約する「場（民族や社会、国家など）」や個別の身体的な能力・気質を介してのみ発揮する。ゆえに署名した、また「日本人」でありあった著者の主体性は、副題「日本政治の役割は何か」を抜きには成り立たない。さらに場や個別の差異による制約が、お互いの意思疎通に様々な障碍を不可避的にもたらすという点にも留意しなければならない。

そこで本文に入る前に、少しでも読者との知（智）と意志（思）の疎通をはかるために、予め本書の概要および筋立について、各章の内容に沿い明らかにしておく。

第一章：人類は、存在の矛盾でもあるエロス的生命存在すなわち動物的自然として、「縄張り争い」

のなかで絶えず覇権を目指し、「優生」を欲望し、「偶像」を崇め、人心を支配統制し、そうして野蛮な民族や国家の歴史を刻んできた。しかし近代のヨーロッパ的知性は、このいわゆる自然と「神」に翻弄されてきた世界を、「実証」と「合理」により人間がコントロールしうる世界へと大きく転換させ、人類史に高度な科学・科学技術と契約思想に基づく「主権」政治システムをもたらした。ところが統御されたはずの獣的野蛮性は巧妙化されただけで、悲劇はむしろ拡大した。この獣的支配を突破するためには、したがって近代知を超えより信頼性の高い高度な社会科学的知（智）性を形成し、かかる知（智）性に基づいた民主化を以て最大のメルクマールとしていかなければならない。

第二章：高度な知（智）性を形成するためには、「世界」史をいかに俯瞰し解釈し認識し反省するかが重要なモメントとなる。そのためのリテラシーとして、先ずは国家の世界史の実証的かつ倫理的な理解が必須となる。なおその場合野獣的自然と神的聖性との絶対矛盾的野合を以てする諸民族・諸国家が覇権・帝国を目指す古代史から、人為とイデオロギーの合作した主権国家・国民国家によりなおも覇権・帝国を目指す近代史への転換過程の解釈および理解がキーポイントとなる。

第三章：現代世界の不条理、危機、疎外から脱していくためには、国家（帝国）の論理からの解放を先行要件とした、従前の国家論に対する批判的検討、追究、解明が重要となる。ただし一八世紀ヨーロッパの産業革命から現代にかけては、国家の論理と独立しつつ相関的に世界の構造的矛盾を形成してきた資本の論理の追究と解明も同時に必要になってくる。なおその際に、前者の論理については自治意識（主義）と国家意識（主義）との、また後者については経済的な自由と賭博性との境界をいかに見極め判断および評価していくかが、重要なポイントとなってくる。
第四章：現代世界を民主的で「平和」な世界へと合理的に再編していくためには、先ずは現代世界の主権国家間の政治経済的な構図と動向を分析し、ポスト国家資本主義社会に向けていかなる改革、修正、再編が必要であるか、その処方箋を明らかにしなければならない。なおその際に喫緊の課題として、抑圧、貧困、難民の問題とともに、地球温暖化、核開発（核戦争）、そしてパンデミックの及ぼす焦眉の問題に対する処方が重要となってくる。いずれにせよこのようなグローバルな公共的な課題に対しては、適確かつ強力に対処即応しうる世界最高権力機関としての民主的国際政府の存在が欠かせない。して現代世界においてその任を果たしうるのは国連であるが、しかし現在の国連は形骸化し機能不全に陥っている。合理的な世界再編のためにはしたがって、現国連の改革が避けられない。
第五章：国連をも支配する現代の独裁的「世界権力」の横暴は、現代社会を混沌と絶望の淵に落とし込んでいる。このような現代の専制的、覇権的な世界政治から脱却していくためにも、世界唯一の核の被爆国にして憲法九条を有する、同時に経済の先進国でもある日本こそが、「国益」を超えた「世界益」のために、国連改革の下で世界再編を促すまさに世界に冠たるリーダーとならなければならない。してそのためには、日本自らが合理と自治と民主の貫徹する「自治体（国家）」となること、すなわち日米安保と象徴天皇制の傘の下にある非合理的で非民主的な体制を脱し、現代の日本政治を刷新していくことが求められる。とすれば当然ながら、現代社会を席巻し現保守勢力を強力に支えるネオ・国家主義的言説に対する批判は避けて通れない。また現下の世界全体を暗雲一色にし、日本社会の矛盾をも一気に噴出させたパンデミックに対する、一連の国家主義政権の行ってきた犯罪的とも思える数々の対応の拙さ、不手際さ、遅（稚）策や愚策を徹底批判し、せめてこの危機的状況を変革への転機と見定め、突きつけられたポスト・パンデミックの公共的な政治的課題に応えていかなければならない。

＊以下本文において、一切の思い入れを排除するために、登場するすべての人物の敬称を省略させて頂いた。ご理解とご容赦の程。

第一章　類的人間と知（智）の形成

地球世界のすべては、「わたし」がそう認識し自覚（すなわち言語によって対象を分節・分画・命名）するかぎり、矛盾や不条理に満ちている。「モノ」が互いに衝突、分解、結合（融合）などを繰り返すように、人類の社会もまた古より戦争、破滅、吸収、合体、分裂などを繰り返してきた。絶えることのない負のスパイラル。それはしかし歴史がそのアリバイとなり写し鏡となり、ゆえに反省を促す教訓ともなる。ただ個々の矛盾する諸事象が、存在の特性や様態に根ざしているだけに、そこでは類的自覚に根ざした深い洞察による絶えざる知（智）性の形成と更新が、そしてラジカルな行動が求められる。

1. 存在の矛盾

我々が「存在（～がある）」と言語認識する森羅万象すなわち生命的、物質的、あるいは抽象的ないずれの「もの」であれ、ある共通する特性を以て多様多次元的に存在している。それは単純化して言えば、無境界的で固有にして非固有の存在の矛盾においてである。がそれでもその特性は多くは明示的であり、双対的にして中和生産的（プレグナンス）、さらに相反する力により中心と辺縁の恒常性を保ち形成する重層的な一定の関係性および形状（「原子」、「細胞」、人間、地球、国家、宇宙、……）を以て現れ、同時に相互の結合や融合、および自体の衰退、分解（裂）、解体に及ぶ。

この存在の諸々の特性や様態を観念的に説明するならば、存在の彼岸的なエロス的エネルギーによる自己同一化作用および運動、双対的存在の合体・融合による新たな存在および中性的存在の産出、有機的かつ意志的集中による「慣性」や「均衡」の獲得などとして表現できる。具体的には、それは森羅万象、たとえば物質の固体・液体・気体の状態変化、宇宙の恒星と衛星の関係、電子（＋）と陽子（－）および中性子との関係、物（磁石や地球など）の磁性（ＳとＮ）や太陽系の重力と遠心力、すなわち引力と斥力の力関係、聖と性および神と獣の両義的関係、人間の男女の双対性と多様な性（ＬＧＢＴＱ）とのジェンダーの関係、また生物間の雌雄による繁殖や集団形成および縄張り争い、さらにまた人類の国家の形成と相互争闘、機械や車の運転の学習・練習による習得に至るまで、あらゆる存在、存在間相互の事象や関係に当てはまる。[1]

ところでこの存在の相互関係を、認識主体である人間を中心に理解しようとすると、それはウイズ（with）を基調としつつも、多くはアゲインスト（against）すなわち存在の矛盾というよりは不条理として、ゆえに「克服」の対象として立ち現れてくる。というのは、人間の認識には何よりも生命保存の情動、倫理、智慧、さらには実存的な感情などが絡んでくるからである。あらゆる存在が有機的に大いに関連し合っていることを踏まえたとしてもなお、他性としての自然、生物、国家のいずれもが、各々特化する内容が異なってはくるが、往々アゲインストの存在として問題化されてくる。してその内実が自己や人間の存在危機に及ぶとすれば、その克服は喫緊の課題となってくる。

先ず認識の対象を自然と人間の関係に限定して考えてみよう。おそらくは地球の「意志」に基づいたたんなる自然の地・水・火・風の動態が、地震、大洪水、大火災、台風などとして人間の生命を脅かす恐怖の対象および現象となり「災害」の原因となる場合、自然が人間にとっての不条理なアゲインストとなり、後者の自己同一的な矛盾克服の防災対策が問題化されてくる。人間以外の生物と人間との関係についても同様のことが言える。ある種の生物が人間の生命を脅かし病気の原因となる場合、前者が後者にとっての「天敵」となり、同時に防疫、検査、駆除の対象となる。

そもそも人類は地球上の自然とともに生成し、生物界の食物連鎖の生態系のなかでのみ生活する寄生的な存在である。ヒト以外の生物からすれば、したがって人間もたんなるかれらの「食物」にすぎないであろう。しかし人間には先天的に、宇宙・地球・自然を認識し、自らの生命の維持と存続のために災害や病原菌を克服しうる能力が備わっている。現在もなお自然災害の対応能力には限界がありその対策も多くは予知中心の受け身にならざるをえないが、それでも一週間も前から台風の発生や進路の情報を得ることができ、また危険な病原生物に対しては、科学的な薬剤や諸装置を駆使し、有効な処置や予防対策が可能となってきている。それはひとえに気象学、地質学、医学などの科学的な能力や知見の発達によるものと言えよう。

なお反対に「環境破壊」などのような、自然と人間のウィズの関係を前者への後者による人為的侵犯によって発生させるケースでは、後者が前者のアゲインストとなり、次に再帰的に両者の関係が逆転してくる。すなわち「公害」として。いずれにせよこの新たな「矛盾」が、「存在の危機」をもたらすとすれば、「環境保護」という観点から自然科学をも含めた社会科学的知見に基づく対策が重要となってくる。とりわけ現代の「公害」は、核戦争をはじめ、その予測される「汚染」度は国家を超えはるかにグローバル化しており、それゆえ今日焦眉の課題となっている「地球温暖化」や「核開発・地球廃棄物（核燃料廃棄物やプラスティックゴミなど）」の問題をも含め、世界政治による包括的な知見に基づいたアプローチが必須となっている。

次に人間対社会の関係すなわち人間社会における「存在の矛盾」について考えてみよう。たとえば最近日本社会で男女の双対性がジェンダーの多様性とも絡み、社会的差別の問題としてクローズアップされている。一方世界では日本を含め、人種間差別や貧富の格差が、社会および生活様式のグローバル化や多様化とも絡みつつ、大きな問題となっている。さらにそれに権力者と一般市民との、また国家間相互の軋轢（専制、抑圧、覇権……）などの政治的な問題も絡み、「被害」と「加害」の関係は複相化し錯綜しており、問題の評価や克服には多くの困難を伴う。そこで先ずは「格差・差別」の問題に限定して、対照的な境遇すなわち「日向」と「日陰」の二分立により、各々問題にアプローチしていく。

一般的に地球上の生世界において、「日向にあるもの」とは、植物で言えば光合成を行う被子・裸子植物にあたり、他方じめじめした環境に群生するシダ・コケ類は「日陰にあるもの」とみなされる。ただこれは生物種による存在の属性の相異にすぎず、「矛盾」とはみなされない。しかし両者がレトリックとして人間社会に適用されるとき、往々「存在の矛盾」として語られる。それは「日向にのみ生活する者には日陰に暮らす者の気持ちが分からない」という嫉妬や揶揄の言葉によく表れている。

そこには苦しみや不幸は後者にのみ存在し前者にはないだろうという認識、情動、倫理的な感情がはたらいている。しかし認識上は両者の関係はそう単純に区別できない。なぜならそこには判然とした境界がなく、しかも多様な個々の身体的特性や事情が異なるからである。ちなみに人間社会では前者が富や名声を享受する「幸」なる境遇にある者が、また後者は特に貧乏で名も知れず、後ろ指指され差別されることがあっても決して拍手喝さいを浴びることのない、「不幸」の境遇にある人々がイメージされるが、しかしその差異はおおむね相対的である。

富や名声がなくとも充分「幸せ」な者がいれば、その逆のケースもある。様々な個々の身体的、環境的あるいは社会的な差異や差別も無視できない。すなわち能力、容姿、体質、気質の差異や、衣・食・住・医・教に関わる家族性や社会的差異などの絡む複相的な構造が個々の人生を規定しているからだ。人の幸・不幸が境遇にのみ左右されず相対的な矛盾となれば、その対応に多くの困難を伴うことになる。しかし世界にはそのような相対論や精神論の通用しない、絶対的な矛盾すなわち暴力的な抑圧や差別、また今日の生活もままならない餓死あるいは自殺に追い込まれる多くの、まさに無権利で絶対的困窮の状態にある人達が存在している。

「日陰にあるもの」に、自身の「努力」をはるかに超える生存権や人権の侵害が及ぶとすれば、問題は個々の情動や道徳的な感情を超えた社会的、公共的倫理や政治制度の問題となってくる。何よりも生命の危機に瀕している貧困・困窮者達に対しては、速やかな公共的な「救済」および「支援」が必須となってくる。同時に抜本的なすなわち中・長期的な対策・対応として、格差・貧困とそれに同伴する抑圧・差別・犯罪・争いを産み出してやまない現代社会の政治経済的な負の構造に対し、フレキシブルにしてラジカルな変革が必要となる。なおその変革の「主体」となるのは、多くは自覚ある者達ではあるが、しかし誰よりも社会と直接アゲインストの関係にある当の「日陰にある」者達となるであろう。

人は現実に幻滅し自らが「不幸」であると思い、自殺するかせめて空想や信仰の世界に浸るか、いずれにせよこのような選択はある意味自己同一的および脱自的存在の各々の在り方ではあるが、「現在」を否定（逃避）し「非現在」を肯定するという実存的な存在の矛盾でもある。一般的に未来に希望や願望あるいは期待を託し、様々に「想像描写」を行い行動する営みは、人間の実存的な基本的な特性であり、その点では主体の極私的なニヒリズムやファナスティィズムは、「挫折」の一つの形式および在り方を超えるものではない。とはいえ怨恨的な「感情」が、極私的な「現実逃避」ではなく、個の獣的復讐心あるいは信条的な「野望」と結びつくならば、その在り方の評価は異なってくる。

個の感情や野望が往々極私的な領域を超えて国家と一体化し、対他的な破壊や支配や優越、私有の獲得・拡大への意志あるいは精神へとビルドアップされるならば、結果もたらされる矛盾は一個人および一人間社会の問題に収まらなくなってくる。……そこで最後に、人間対国家および国家対国家の存在関係について触れておきたい。

人間（主体）と国家の関係において前者が後者へと一体化する、いわゆるメタ・ウィズの関係には国家主義と全体主義という二様の契機がある。前者は、前述の国家によって個の野心や野望が、「英雄魂（気概）」、「愛国心」、「犠牲精神」へとビルドアップすなわち止揚・昇華され、自国家至上の覇権主義的様相を、また後者はかかる国家主義の鼓吹・煽動により国民が国家の意思に一体化していく精神的様相を呈する。しかしいずれも国家間の自治的なウィズの関係を損なわせアゲインストの関係のみを強め、衝突を余儀なくさせていく。というのも国家もまた、人や民族と同様、非固有にして固有な存在、すなわち多種多様にして重層的な構造と機能を配置する唯物的な存在（場）であり、「未来」に現存の維持のみならず成長と拡大を求め、敵対、衝突、破壊、分裂、拡大、融合と、弱肉強食に従い縄張り争いを展開していくからである。してこの国家間の特にアゲインストの関係が、世界史の主要なテーマ系を形成してきた。

ヨーロッパ近代に至り、人間の高度な知（智）性が国家の存在を「矛盾」として認識させ、さらにその克服を希求し実現していく能力を開花させた。すなわち近代人は懊悩、探究、闘いを通して、共存・共生のための学問、科学技術、芸術、思想や哲学などを形成し、社会的諸矛盾に対し様々な対策を講じてきた。また「主権国家」という理念に基づいて国家間の衝突を避けるためのルールや法律や条約などの作成を行い、その効力を実証し共有してきた。しかしたとえば科学技術も「国家主権」も容易にコントロールできず、国家の専制的放縦性を抑制するまでには至らなかった。そのようななかやがて法律や契約の限界や弱さに代補するかのように、近代以降再び強力な国権的かつ帝国主義的なイデオロギーが形成されるようになり、その観念的な「規範」や世界観の下で、世界の諸存在間の不条理やカオスがむしろ一層深まっていった。

人類は二度の想像を絶する野蛮な世界大戦を経験し、改めて国家の「自治（意識）」を超えたウルトラ国家主義・帝国主義が、高度科学技術と手を結ぶことで世界に最大の破壊をもたらすことを、そしてまた国民個々が国家の存続・拡大のために自らの命を投げ出すことで他者の存在を殲滅するまさに途方もない生命軽視のエネルギーを注入することを思い知らされた。戦後この反省が、世界平和のための様々な民主的な国際機関を設立させ、また国家の民主化や植民地の独立を促した。しかし戦争の記憶の風化とともに再び各国で国家主権の専制が強まり、しだいに国家の国家主義化が高まってきている。現代世界は、この国家のバックラッシュに金融資本の「暴走」が加わり、国際機関のますます弱体化・変質化していくなかで混沌とした、すなわち国家の専制権力が市民への暴力をエスカレートさせ政治的な蹂躙と抑圧を強め、他方世界経済が国家間および国民間の格差・貧困を拡大させ、なおも解決の有効な糸口が見出せず、存在の共生（ウィズ）の困難な状況下にある。

2．覇権・優生・偶像

現代の人間社会の不条理に対し、あえてその「克服」へのプライオリティを示すとすれば、「国家主権」の専制主義と国家主義および国家資本主義の放縦性をいかに抑制、低減、喪失させるかにある。なおこの課題に応えていくためには、国家主義的なイデオロギーや言説を産み出し支える、野望のグレードアップされた覇権と、また身体の美的かつ能力的卓越性に価値を置く優生と、さらにその価値の絶対値を自他に投影する偶像の思想や信条（心情）について検証し、理解し、そして克服していかなければならない。

人類が侵略、暴力、戦争、蹂躙、抑圧を繰り返してきた前近代史とは、もとより自然史の延長にすぎず、動物的「本能」によるすなわち食う（勝利）か、食われる（敗北）かの二者択一的な「縄張り争い」の歴史にほかならなかった。とはいえ人間には、毀誉褒貶の情動が備わっており、敗北者は犯罪者同様に蔑まれるか抹殺されるかであったが、勝利を導いた者は英雄あるいは王者すなわち最高の栄誉ある「覇者」として讃えられた。そうして人類の国家史において動物的な「縄張り争い」は、「覇権争い」として名誉ある戦いとみなされるようになり、勝利への野望は「覇権」への意志として奨励された。

ヨーロッパ近代に至り、合理実証主義的な思想の台頭により、「契約」や「主権」を重視する国家政治思想が誕生し、他方戦争が国際的に拡大するなか、国家間の覇権争いに対する一定の制約（ルールや法）が設けられ、いくらかブレーキがかかった。そこでは、加害と被害という法概念も生まれ、「覇権」自体が検証の対象となり、いずれの主体も同等の「人称」として扱われ、「罪状」の分析と「加害」の「認否」が問われた。国際政治は、そうして国家や人々に対する暴力、侵犯、冒瀆を「公の場」で明らかにし、加害責任の明示と裁きおよび被害に対する補償を推進することで、「再犯」防止に努めた。……だが人間の野望や覇権意思自体がなくなるわけではなく、国家主権の専制が続く近代以後も覇権争いや戦争は止まず、むしろその被害は国家内外に拡大していった。公平と思われる法規制も、特に国権力の強い独裁的な国家には全く通用せず、また国際的な戦争処理の場面ではおおむね戦勝者（国家）が裁判の「主体」となり、正当かつ有効に機能しなかった。結果加害責任を不可視化および隠蔽するような、独善的で無責任な判断や解釈さえもまかり通ることになった。

人類史上最大の存在の危機をもたらしたのは、国家主権がナチズムや軍国主義者達によって牛耳られ専制と覇権に及んだ第二次世界大戦だが、戦後勝利した連合国がヤルタ - ポツダム会談に基づき、ニュルンベルクと東京で、敗戦国ドイツと日本のファシズムや軍国主義指導者達を「戦犯」として告発し裁いた。[2]「戦犯」とは、一般的に先制攻撃（侵略）や無抵抗な民間人の殺戮など、行き過ぎた「覇権」行為を首謀した者達に適用される言葉であるが、しかしそれは往々戦勝国が敗戦国を裁くためにのみ使用された。ゆえにそこでは前述したように、戦勝国の民間人殺戮の犯罪が問われることがなく、そのほとんどが誤算・誤爆というよりも「不可避」で済まされる。まさに不条理な「倫理」である。

そもそも「戦争」は野蛮で残虐なものでしかなく、そこでの正義とは、「正当防衛」であれ何であれ、結局自宗教・イデオロギーや国家あるいは勝利者の「正義」でしかない。事実「戦犯」という言葉を発明した欧米諸国もまた、これまで植民地争奪、広島・長崎への原爆投下、多国籍軍によるイラク戦争など、他国侵犯・先制攻撃さらに民間人大虐殺をもたらしてきた。いかなる国民国家であろうとも覇権意思を有しており、「戦犯」とも無縁でありえない。現代のポスト植民地時代の世界の主権国家システムは覇権的な思想や主張をいくらか抑制させているが、しかし国民の多くは自らが所属する国家の発展および拡大を欲望し、軍拡や領土拡大に対して概して好意的である。ゆえに国家の国家主義化が避けられず、覇権意思の新たな増幅が、産業や科学技術および社会の意識や諸制度の多様なベクトルを一元化させ、国家への忠誠心と犠牲精神を煽る政治へとシフトさせていく。

いったん浪漫的野望に憑かれた権力主体の「鶴の一声」が発せられると、自動的に後は堰を切った水気流のごとく国家主義が人心をとらえ、挙国一致の下で暴力装置を作動させ、他国「侵略」および

「破壊」に及ぶ。このような対内的全体主義と対外的覇権主義を促す国家主義的な政治イデオロギーは、平素より自らを抑制する民主主義を拒否し、軍事的抑止力という口実の下で軍拡競争を激化させ、いずれ人類の破滅をもたらす。なおこの恐怖のシナリオが夢想ではないことは、現代の世界状況をリアルに認識する者であれば誰しも理解できよう。とすれば戦争抑止のためには、「平和」と「民主」を重視しルールの遵守を尊重する脱国家主義の政治活動をはじめ脱国境的な社会活動やスポーツなどによる国際的交流を進め、覇権意思の昇華・代替により国家覇権主義を断念させていくほかない。

ところで覇権意思が優生思想と結びつき、人類史上類を見ない野蛮な大虐殺の惨劇をもたらしたのが、ナチス・ドイツであった。二〇世紀以降の世界では、無抵抗の民間人や他民族に対して大虐殺に及ぶケースはそれほど多くはなかった。それでも、日本軍による「南京大虐殺」とドイツのヒトラー・ナチスによるホロコースト（ジェノサイド）があり、さらには対象者がやや限定されるが、スターリンやポルポトなどの共産主義独裁者達による「異端狩り」の大量粛清があった。敗戦国の前二者の首謀者は「戦犯」として裁かれ、後二者は国家および「内政」を超えた人類冒瀆罪とみなされた。しかし前者にも後者の犯罪性が含まれ、特にヒトラー・ナチスによる人種差別・断種の行為は、ターゲットが明らかに国家のレベルを超えた特定の人種〈ユダヤ人〉に向けられており、まさに「戦犯」と人類冒瀆の二重の「重罪」であった。

なおこの二重性は覇権と優生への二重の意思（志）および思想を反映するものである。くしくもナチスの最高権力主体であったヒトラーが、ニーチェ由来の「権力への意志」を受け継ぐ支配への意志（『我が闘争』）と貴族主義的優生論を以て、あえてニーチェの批判する民族主義と国家主義に結びつけ、ニーチェの超・民族的・国家的「弱肉強食」の優生思想を、反ユダヤ主義・ゲルマン民族優位の選民思想および国家主義的覇権へと変質させ、「狂・気」の大虐殺という重罪行為に及んだ。なおこの犯罪の全責任は、したがって時代の覇権的かつ優生的思潮を以て国家社会主義的思想へと恣意的に解釈・止揚し蛮行に及んだまさにヒトラー・ナチスに帰せられるが、しかし結果的にかれらの覇権や断種思想を支え追随した思想家やドイツ国民もまた「支え追随した」責任を免れえないであろう。

人が他者を自分に従わせたいと思うのも、自分が他者よりも優れていると、また優（勝）れたいと思うのも、「存在の特性」であり自然な感情や情動でもある。他者への憎悪や憐憫、傲慢や卑屈、尊敬や軽蔑のいずれの情動をも根絶することは、したがって人間存在を消去するに等しい。特に優生的であろうとする意思は、人を支配しようとする覇権的な意思以上に存在の本質に根ざしているため、そのコントロールもゲームやスポーツで代替しうる後者の意思とははるかに厄介である。というのも優生意識は人間の多様な知的、体力的、美的能力、さらには容姿や外貌など、政治、経済、スポーツ、学問（教育）、医療（医学）、芸術などすべての社会的な領域を内的に支えているからである。ドラマの主人公にせよモデルにせよおおむね容姿端麗の「美男美女」であり、特に女性は美女であることが往々就職や結婚のための重要な条件とさえなる。我々人間は一方で「自分は自分だ」と自らに言い聞かせつつも、他方では美や知や体力などの優れた能力を誰よりも高評価されることの、またそのためにお互いが競い合うことの快感から離れられないのだ。

人はすべての人間に平等であるべきと思ったとしても、生まれてくる自分の子供があえて「障害」

あることを望まず、「優生‐差別」の意識からは完全には自由となりえない。芸術や美的感覚が差別や非倫理の温床ともなっているのも同じことだ。それがある意味人間の「特性」であり「存在の矛盾」でもある。しかしそれでも「矛盾」の大半が社会的矛盾であり、美的感覚も知的能力もあるいは「障害」認定さえも時代の社会意識、制度、思潮、科学的パラダイムに左右される。とすれば差別問題は、法的アプローチ以上に、「公‐共」社会の「在り方」の問題として言及されるべきであろう。いずれにせよ、優生保護法により「障害者」が子どもを産む自由の権利を奪われてしまう社会も、人工授精により容姿・知性・体力などの「優生」である精子を売買する社会も、いずれも明らかに病んでいる。

優生意思が国家（覇権）や資本（利権）の各々のグローバルな展開の動力源となる、その典型的な例が、前述の戦前・戦中の、ナチス・ドイツの人種主義と覇権思想とが結びついた政治運動であり、ストロングボディ、グッドルッキングおよびハイタレントに関わる多種多様な関連商品を産出し、それぞれの分野で需要と供給の一大産業を創出している企業活動である。皮肉にも世界最大の多民族民主主義国家アメリカにおいて、白人中心の人種的な差別主義が横行し、貧富・所得格差が拡大し、他方高性能の核軍備装置やＡＩ軍事ロボットなどが盛んに製造され、国民の並はずれた優生意思が軍事技術や生殖・遺伝子技術などの開発の動機づけとなっている。グローバルな国家資本主義社会にあっていかなる民主主義も、差別や格差を産む「優生装置」の矛盾からは逃れられないのだ。

なおこの装置を支えるのが、我が子が「優生」であることを願う親のエゴイスチックな心情や、経済的軍事的「国益」のみを願う国民の欲望や感情であるが、そこには必ずやかかる心情や欲望を託す人物や集団、美や力や教義、さらに国家や資本など多岐多様な「優生」の社会的な「見本」が存在する。して問題の「優生装置」は、この「見本」が偶像化されることによって作動し始める。宗教、イデオロギー、寺社、仏像、天皇、国家、資本、装置、機構などあらゆる「モノ」の偶像化（崇拝）は多様な優生装置を作動させつつ、結局一元的なトップダウン方式に従い、「共‐生（ウィズ）」的な意思や社会を退行させせあるいは排除し、格差と差別のゆゆしき世界を醸成していく。

ところで「偶像」とは何であろうか。一言でいえば、人間の無批判的な、盲目のある意味誤認、謬見、誤謬に基づいた想像および空想によって成立する信仰的存在。何よりもたんなる「モノ」が絶対的存在として尊崇の対象になるということ。宗教に関して言えば、信仰の対象となる仏や神の銅像や寺社・教会なる建造物、突き詰めれば教義や当の教祖さらには想像的かつ観念的な絶対的な人格神でさえも「偶像」となる。しかしいかなる宗教であれ少なくとも絶対的存在である「神」は偶像的存在とはならない。なぜならかく認識することは自らの信仰を否定することになるからである。だからこそイスラム教は「偶像崇拝を排すべし」ことを強調しながらも、いまだにマホメットや彼の教えおよび彼の信仰する（アラーの）人格神を、「偶像」崇拝しているのである。その他の諸宗教もおおむね変わりがないが、そのなかでも僧侶竜樹《りゅうじゅ》の「殺仏殺祖」や内山愚童《うちやまぐどう》の「無政府共産」など、観念的ではあるが徹底した「偶像」否定の「宗教」も見られる。

さて宗教であれイデオロギーであれ、あるいは習俗的な観念であれ、教条的な「とらわれ」、ある種の「強迫観念」やフェティシズムから自由であることは、生きている限りほぼ不可能であり、とくに言葉や教義に纏わりつく人間の執念は自己同一的な在り方を規定し、盲目の「自己犠牲」をも厭わないほどの強靱性を示すことがある。そしてそのような人間主体の様態が特に問題となるのは、結果存在の危機に及ぶ、主体の「信仰」や「執念」が国家的偶像に向けられるとき、すなわち集団的主体が国家を象徴し代表する、たとえば宗王、君主、帝王、天皇、あるいは総統や元首などの「優生」なる存在に最高権力が与えられ、もっぱら偶像崇拝の対象となる場合（とき）である。そこでは国家やその象徴的存在への信仰が、集団内部における成員達の相互矛盾やルサンチマンを他国への蔑視と覇権を以て逸らし、さらに「気概」という名の未成熟な自我を植え付けるあるいは甦らせることで対他的な敵意を煽るという、まさに屈折した病理を生成させるであろう。

我々は、暴力が「偶像（神、国家、戦争および革命指導者、教義……）」崇拝の下で聖化され正当化されるという、この矛盾と悲劇の現実からいかに脱却できるか。「暴力」の行使がときに自治体としての正当防衛や「公‐共」性維持のため限定つきで認めざるをえないとしても、暴力は所詮「野蛮」でしかないという自覚だけは見失ってはならない。ただすべてのものが「偶像」の対象になりうるとしたら、つまり我々人間が洗脳された世界でしか生きられないとしたら、諸々の暴力の「病理」からの脱出は、不可能となるか至難の業となる。それだけにまた対自的対内的な「偶像」およびその権威の知的「破壊」とその絶えざる無化、無への意志的努力が重要となってくる。

さしずめこの人類の努力こそが、「公‐共」において偶像をただそれだけの「モノ」へと還元させ、公なる「共‐生（棲）」と極私的な偶像崇拝との次元的な差異（絶対的矛盾）を自己同一的に現社会に存在せしめる唯一の解決方法となる。それはまた、自己と他者のいずれの「犠牲」をも招くことのない「共生」と「民主」の成立する社会を構築する、さらに類的かつ身体的な自覚のレベルに対応し、知と意志の一体化した知（智）性について問う契機ともなるであろう。

3．「科学」の信頼性

近世ヨーロッパにおいて、ベーコンは偶像すなわち「イドラ」[3]に見られる先入的偏見を排し、観察と実験を通して身につけた実証的な知の力を以て、自然を支配しうると考えた。またデカルトは、「われ思う、ゆえにわれあり」と自覚し、人間の合理的な認識力（悟性）を以て、自然を数理幾何学的に分析し完全に理解し利用できると考えた。こうしてヨーロッパは、かれら近代哲学者達の経験実証主義的かつ合理主義的な知性により、キリスト教絶対の中世の「偶像」支配の世界を脱し、神中心の世界から認識し考察する人間（自我）中心の世界へと一八〇度旋回させた。それはキリスト教にまつわる多くの「偶像」を破壊するだけではなく、神によって隠蔽されていた「ありのままの粗野な自然」を、独自の形式で可視化することにもなった。

ではこのような近代的な「知性」やその成果としての「知（識）」が、いかにして「科学」と呼ばれるに相応しい信頼性を獲得しえたのか、今一度この点について考えてみたい。重要なポイントは、いわゆる科学自体の目的と方法の普遍性と知の客観的形式にあった。前述したように、科学の目的とは人間による「自然支配」、つまり謎めいた自然現象に対する解明や問題解決を行うことにより、人間の個々の安心や納得あるいは好奇心や快適さなどの欲望を充たすことにあった。またその方法は自然現象を対象化（設定・選択）し、合理（数理・幾何学適用）と経験（実験・分析仕様）すなわち演繹と帰納の連関的駆使にあった。結果もたらされた「自然」の法則（公式や理法など）、たとえば$2H_2+O_2 \rightarrow 2H_2O$や物質間の距離の逆二乗の法則（万有引力）などは、知の普遍的かつ客観的形式として西洋の自然科学的合理性を不動のものとし、絶大な信頼を獲得していった。

今日に至るも、かかる科学的な信念は衰えることはなく、特に情報科学や電子・原子物理学の、「技術」への適用・応用は、そしてその数々の「成功」体験は、科学・科学技術に対する過剰なまでの信頼性と、科学主義的な情熱を高め、次々と高度な装置を産出させてきた。それは、ＩＴやＡＩなどの情報科学・人工知能・電子工学技術装置（インターネット、高性能ロボット、宇宙ロケット、超高速ジェット、電気自動車など）、分子生物学・医科学装置（移植技術・遺伝工学、超音波検査機器、ＣＴ・ＭＲＩなど）、原子宇宙物理学・原子力（核）装置など、超ミクロから超マクロに至る精密かつ巨大な科学・科学技術装置と多岐にわたり、その「成果」は、地球に過大な危機的負荷をかけつつも、世界の多くの人々の「生活向上」に貢献してきた。

問題はしかし、科学・科学技術の高度化やグローバルな拡大・「貢献」は、資本主義生産様式によってもたらされたものであり、したがってその「成果」や富の多くは「日向にある者」に吸い取られ、富者はより富者になったが、貧者はますます貧者になり、貧富の格差が拡大していった。いかなる恩恵をも受けない「日陰にある者」にとっては、高度な資本主義も科学技術も「縁遠い」というよりもむしろ格差や公害さらには核の危機をも発生させるだけの疎ましき存在でしかない。とはいえ利便性や富の「成果」が万人に幾ばくか共有され享受されつつある現在、「人類の豊かさ」の指標をハイテク科学技術や資本主義の発達レベルを無視して語ることには無理がある。とするならば問題解決のための主要な批判は、開発一辺倒で格差、公害、核装置などを産出し許容する国家資本主義の経済と政治に、さらにそれを支える科学主義的で軍産的な、利益第一主義的かつ特権的にして近視眼的な一群の専門科学者達に向けられなければならない。

科学・科学技術はこれまで、多岐多彩なシミュレーションを重ね、前述したような多くの高性能で巨大な人工物や超精密なマイクロソフトなどの装置を開発し、同時に方法と対象の拡大・細分化・専門分化とともに数多くの専門家を誕生させてきた。だがいかなる精緻な「科学」であろうとも、それは限定・分断・加工され「モノ」化され偽造された「存在」しか産み出せない。ましてそれが人間社会に疎外や危機をもたらす存在であるとすれば、そのような仮構（加工）された世界の特権的な住人である専門家達の狭隘化された合理性に全幅の信頼を寄せるわけにはいかないであろう。

ところで科学者（集団）同士の、科学的データに関わる解釈や評価の対立をよく見かけるが、その原因の多くはお互いの理解能力やスキルの差異もさることながら、意外にもかれらの社会的な地位や見識および思想的、倫理的なスタンスの相異に由来することが多い。特に政治的な保・革支持の相異によるケースが顕著であり、お互いが自らの科学的な認識や根拠が正しいことを、おおむね保守派の科学者達は国家や資本に忖度した見解に基づき、他方革新派は民衆的な立場あるいは「革新」団体に忖度した見解に基づき主張し合う。ゆえにお互いがデータを改竄しあるいは曲解するという可能性をはらむが、しかしその多くのケースは存在的優位にある保守派の見解や主張に見られる。

いずれにせよ自らの細分化され限定された狭い「科学」を政争の具とすることは、科学の信頼性を一層失わせることになる。科学者であることに無条件に権威を認める時代が終わったのである。科学は「偶像」を排する方法としては有効ではあるが、科学者が自らの担う「科学」を偶像化させ、自らの主体の立場や学的かつ思想的スタンスなどのバックグラウンドを自覚し反省しないならば、見識ある多くの「素人」にも劣る判断力を以て人心を惑わせることになるであろう。

科学の信頼性を失わせないために、しかし何よりも近代科学の限界を乗り越え、より高い客観性によるより大きな信頼性を獲得していかなければならない。そこで重要となるのは、科学的知の客観性の絶えざる検証と認識能力の反省である。近代から現代へ、科学主義的な信念の高まりとは裏腹に、測定の精度や再現性および因果律などに基づく厳密な科学的知の検証の積み重ねのなかで、たとえば物質不滅（質量恒存）の法則などに疑義がかけられるようになった。しかしこの問題の発生源を主体の認識能力の「限界」に求めることで、さらなる高い客観的知の形成へと導いた。すなわち現象学（対象化・加工化する手前のありのままの主体の意識の分析学）的観点の導入により、これまでの自然科学の絶対性が相対化され、物質＆エネルギー保存の法則を始め、相対性理論、量子力学など最先端の高度な科学的知見が形成され、近代科学がステップアップされていった。

現象学および現象学的な存在論は、絶対化され細分化された科学を相対化し、ゲシュタルト（連関的全体性）の観点から改めて、対象化された「存在」の合理性を見直すことを促す。それはすなわち現前の現象への数理幾何学的演繹による狭隘化ではなく、「ありのままの現象（意識）」を以て関連する多様な要素を勘案していくというスタンスをとる。なおそれは、見たままの物質～生物～動物～人間の「存在の秩序」の世界であり、それに連なる、認識主体の最も近傍にあり自然や宇宙・地球と「同義」にして精神を「裏側」に配し、動物的生命と社会的絆に支えられた身体でもある。新たな科学の合理性は、こうして存在と身体の「秩序」の多様な唯物的・生命的・精神的および社会的次元・相貌に対応する周縁的かつ外延的な、すなわち原子物理学的、物理化学的、地質学的、気象学的、生態学的、生物学的、医科学的、さらには心理学的、社会学的な多岐多次元に及ぶ個別科学の重層的有機的な、現代の科学的「全体知」として理解されるようになった。

なお科学の対象や適用範囲が比較的固有性や再現性の強い物理化学的な現象から、予防・予知的な「事象」（気象や疫病など）や社会的・精神的な高次の現象にまで拡大された要因として、科学データに関する評価基準が数理学的な絶対値からしだいに比較・統計・確率に基づく参照値へとシフト化していったこととも関連している。この傾向はより質の高い「客観」性への要請に沿っており、それは科学の方法から予め排除された高次元的なファクター（認識・観察主体や人間の欲望など）を対象へ相応の函数的比率を以て取り込むといった、近年の革新的な方法にも窺えよう。こうして現象学的存在論からの試みや高次元的なファクターの勘案は、従来の科学を相対化することで対象の拡大と多次元化を促し、「科学」のより大きな「合理と信頼」を獲得することになった。

対象範囲の無限複相性（ミクロ～マクロ）と「主体」の無限遡行性を前提にした「現代科学」やポストモダンの試みはしかし、認識主体（理性主観）と対象との二元性に基づいている点で近代科学と変わらず、ゆえに高次元的な「存在」を三次元的な「モノ」に還元あるいは対象化した上で、いくら詳細な観察を重ね総合化をはかったとしても、「存在」自体をありのままに再構成できない。また科学の多次元的多様な現象への拡大や総合理解は、近代科学の近視眼性や限界を超える合理性を有していたが、対象化された存在は、自体の矛盾的な本質や特性を失った、客観的なモノ（原子、その集合体、機械、身体的かつ精神的構造物、……）であることには変わりがなかった。デカルトの合理思想由来の、すなわち「神に保証された自我と神に見離された統御される物」という西洋近代の二元的存在論の枠組みを根本的に超えないかぎり、科学・科学技術に対する過剰な科学主義的な「思い入れ」や知性や知の狭隘化を克服することができないであろう。

さらなる信頼性を高めるためには、もはや西洋科学的知性や知のみに依存するのではなく、東洋的「智」性と「智」から、対する一撃が要請されなければならない。東洋的「智」性は決して、ヘーゲルやフッサールおよびソシュール達が揶揄するような、「劣化した非合理的な知性」ではない。現代科学の最先端である量子宇宙物理学の高次元的な解釈が、結局東洋的智の「先見の明」に接近せざるをえなかったように、東洋的「智」性や「智」には、予め現象や存在を限定し合理的実証的に了解していくヨーロッパ的知性とは異なる、存在と非存在、合理と非合理、実在と非実在、唯物と唯心の二元論的な解釈を超えるラジカルな自覚と観点があったのだ[4]。

ポストモダンのグローバルな試みは、現象学的存在論によるゲシュタルトと、東洋アジア出自の「気と空」の思想との交流を促し、より大きな相互連関的有機的な「知（智）」の形成を期待させた。しかし現実はそうはならなかった。現代のアジアでは、皮肉にも近代ヨーロッパ出自の思想・科学・科学技術の導入とともに、政治・経済から学問・教育・医療に至るまでほぼ全面的に欧化されてしまい、結果科学的知性とアジア的智慧との思想的な交流のないままに、後者は宗教や占星術の領域に追いやられ無用の長物か神秘的な呪物か、いずれにせよ蘇生の可能性を失ってしまっている。他方現代のヨーロッパ的知（性）の最先端にある原子宇宙物理学もまた、そのさらなる高次元化により再びアナザーワールドの伝統の二世界説に落ち込み、また知的主体の無限遡行において絶対神信仰の「復活」の兆しをも見せ始めている。なおも東西の神秘的かつ二元的限界を踏破し、より高度な合理的な知（智）性および知（智）を形成し、より大きな信頼性を獲得していくためには、先ずはお互いが自らに付き纏う極私的な宗教性や立場性を超えていかなければならない。

ところでヨーロッパで、かつて二元論や二世界説を超えより大きな合理的知を得る試みは、ロマン派観念論なかでもヘーゲルの「全体知」の哲学によって試された。だがそれは、人間的自我が自然と社会の知識を順次明らかにし、神の「絶対知」を目指すという、神的ヨーロッパ形而上学の伝統を継承するものであり、結局近代の二元的知性を観念的に超えようとしたにすぎなかった。近代ヨーロッパ以降の科学者や思想家達は、この神への「信念」に疑義を持たなかったために、後に「神」が「科学」「国家」「資本（マネー）」およびイデオロギーに乗り移り、あらゆる存在を物神化させ、科学主義、国家主義、資本主義あるいは共産主義といった教条の知の世界を演出することになった。そのなかで存在的優位性を獲得した諸々の神秘的な偶像や制度（政党、教会、寺院、国家、法、制度、教義、資本、僧侶……）が社会的習性となって、大衆および認識主体の無意識的な情動を支配し、科学的かつ公共的な「知（智）」を歪曲していくことにもなった。

なおマルクス‐エンゲルスは、ヘーゲルの神を主体とした観念的な「史観」を、人間を主体に唯物史観へと転倒させ、歴史経済学的な知を土台にした「唯物的全体的知」を形成した。そしてかれらは、物神化された有史以来の主役「国家」が近代以降の脇役「資本」とともに専制、覇権、戦争、搾取、環境破壊、貧富の格差、人間疎外などの物象的世界をもたらしてきた歴史を明らかにし、脇役の「統御」により主役が自然消滅するという科学的シナリオを描いた。これはリアルな合理的知性に依拠していたが、しかしエンゲルスがこの唯物史観を「社会科学」として「僭称」し偶像化するに及び、自らが唯物合理的な知見と神的教条に基づいた予言性および倫理性との二元的陥穽にはまっていった。現象学的思考はいくらか神的教条を相対化し脱構築させたが、なおも付き纏うヨーロッパ的二元性を脱するには至らなかった。

科学の信頼性を高めるためにも、我々は今この「唯物的全体知」に対し脱構築を続行し、同時に東洋的智性により二元的限界を超出し、より大きな合理性の下で、より確かな公共的な世界像を描き創出していかなければならない。

4．社会科学的知（智）性と民主化

ヨーロッパ近代の社会的知性の二元的限界を唯物的な「全体知」を以て超えんとした唯物史観の、その「失敗」のそもそもの原因は、社会的知性を社会経済的知性の一義性へと解消した点にあった。その結果唯物史観の資本主義に対する分析と理解の明晰性は、「国家」や「民主主義」に及ばず、社会的知性の骨格をなす権利や平等や自由といった、すなわち国家政府の「独裁」や「中央集権」による専制政治のアンチテーゼとしての民主的な知性、制度、システムを自らが軽視することになった。とはいえ近代社会的知性は国家の存在を相対化するまでには至らず、そこで唯物史観の信奉者達は、国家に対する充分な理論的分析を行わないままに、しかし社会主義革命によって以上の社会的知性の限界を容易に超えられると考え、社会主義から共産主義への移行によって国家はいずれ死滅するなどと楽観視した。また近代民主主義に対しては資本をバックにもつブルジョワ民主主義にすぎないとして一蹴し、結果自らがもたらした「プロレタリア独裁」による社会主義国家をブルジョワ国家以上に専制化させいずれ自壊するという皮肉に遭遇することになった。……では一体国家をいかにしたら相対化することができるのか。この点に関しては、国家の本質と特性の詳細な考察に基づき後の章で明らかにしていくことにして、この節では、国家を相対化させる社会科学的知（智）性とかかる知（智）性に基づき描写される「世界像」について考えてみたい。

さて社会科学的知（智）性とは、さしずめそれは東西思想止揚の知（智）性をベースに、国家の民主的自治性や科学のより大きな合理性を重視し、したがって神秘主義や呪術に決して依存することのない、つねに人類の実存と「共‐生（棲）」に関わる公共的な生活の合理的かつ民主的な「在り方」の智慧と要約できよう。また現代の社会生活に即して述べるならば、それはテレビ、スマホ、インターネットがグローカルな情報知を得るためのあるいは相互交流のための日常の必須アイテムおよび不可欠のツールとなっている現代の高度情報化社会にあって、そのバックグラウンドをなしている国家や科学・科学技術に対する理解を深め、いずれの「暴走」をも生起しないような、そして何よりもいずれもが我々の生活を守りその質を高めるような、そんな社会の公共的な在り様（世界像）を描き、創出していく知（智）性であり智恵（慧）であると表現できるであろうか。

　不明瞭な現象をクリアにし合理的な理解を可能にしていく自然科学的知性は、これまで多くの高度かつ精緻な科学技術や機械装置を発明し開発するとともに、現代の人々の知力や能力をも数段アップさせてきた。しかし同時に情報知や情報操作に長けてはいるが、ＩＴやＡＩに依存する受動的かつ過剰反応的な現代人をも大量に創出してきた。それは享楽主義か神秘主義によってしか補填されないようなある意味無機質的な「人種」を増産し、国家社会の全体主義化への閾値をも下げてきた。なおこのような残念な動向は、とりわけ現代の科学・科学技術を担う者達の社会科学的知（智）性の低さをも反映している。

　それだけに現代の自覚希薄な多くの科学者達に対し、かつて権力者達の意に従い人体実験を行い、原子爆弾や化学兵器を製造し、世界に数多くの悲劇をもたらしてきた科学者集団の責任を問い、自らが「科学する」ことの意味を考え、「反省と洞察なき言動が大衆を動かす」「製造された暴力装置は目的用途に従い駆使されて初めて完結する」という負の道理を教訓に、社会科学的知（智）性を高め、責任ある言動をとることを促したい。

　近代ヨーロッパの民主主義政治が国家間の争奪や国家内の専制を抑制するために、一定の「歯止め」となってきたが、それは民主主義が討議と合意と契約による条約の締結、議会政治、普通選挙制度あるいは三権分立や地方分権、さらには政教分離など、すなわちアテネのデモクラシー政体をはるか超える政治システムとして理解され機能してきたからである。したがって社会科学的知（智）性に基づいた世界像においても、この民主主義政治・諸制度・システムが土台を構成する。問題は、この土台はこれまで特に独裁政権の誕生に伴う中央集権化や専制政治により容易に破壊されてきたという点にある。とすれば新たな世界像の形成において、この防衛策および対応策のセットアップが必須となってくる。

詳細な論考は後章に譲ることにして、ここでは有力な対応策として二点挙げておく。一つは、三権分立の徹底と用意周到な法規定、リコール権の確立、「有事」の際の厳格な対応明記など民主システムの徹底であり、二つ目はかかる「徹底」の意味をも込めた、民主主義の民主化への理念的なグレードアップである。今日では民主主義はすでに民主化として、すなわち動態的な運動論や法律、精神、論理および倫理などを絡めた社会論として発展的・包括的に論じられている。しかしそれでも国家主権の独裁化する危惧が完全に払拭されたわけではない。そこで重要となってくるのは、人民主権の人権思想をベースとする「国際的人民主権」へのステップアップと、そのラジカルなすなわち人権擁護の民主化運動とのタイアップである。

ところで人権擁護の運動において、「自由即平等」の理念、論理、倫理、システムの理解、実現、敷衍化が最重要課題となる。とはいえそもそも自由と平等は概念上齟齬や矛盾を来す関係にあり、かかる関係が運動上の大きなネックともなっている。つまり平等への行使が自由の抑制につながり、自由の尊重は平等を損なうという関係である。してこの両者間の関係を理解しないままに、いたずらに議論しあるいは自己同一的な解釈を求めても、様々な誤解や対立を発生させるか、たんなる折衷や妥協で折り合いがつけられることになる。結果両者の「即」の関係は幻想にすぎないとして冷笑され揶揄される。しかしそれが社会的な概念としてとらえられると、案外納得いく理解が得られる。

現代の法社会における「自由」とは、一般的に政治的自由（権利行使の自由）、経済的自由（売買の自由）、社会的自由（思想・信条・出版・言論・表現の自由）として分別された、また相互に関連する国民の基本的な権利として理解されている。なおこのような社会的かつ公共的に認知されている自由の概念および権利には、実はすでに平等の概念や権利が前提としてはらまれている。自由とはそもそも、恣意や放縦との間の明確な弁別不可能な概念であり、したがってそれは自由放任や自由自在という言葉が示すように、人間の無制約な自由な言動を許容するものとしてある。自由の定義や境界にはつねに曖昧さをともなうのはそのためである。とすれば自由の概念だけでは、社会的公共的な自由が成立しえないことになる。社会的自由とは、すべての人が等しく享受し行使しうる「自由」でなければならないからだ。そこには平等に対する理解と配慮が必須の前提や不可欠の条件となってくる。権利行使の自由は、万民に行使のための機会が均等に与えられていなければならない。また売買の自由は、市場での売買の主体がいずれも平等な立場にあることが、不可欠の前提条件としてある。すなわち自由即平等が自由の成立の根拠となっているのだ。

平等についても同様のことが言える。つまりそれは徹頭徹尾政治的、経済的かつ社会的な平等および平等権であり、その成立のためには、個々人の自由がその前提および条件としてなければならない。というのもそもそも平等とは、個々人の体力や資質を配慮しない同質的な「悪平等」ではないからだ。平等とはあくまでも個々人が自由に各人の意志や能力を発揮し等しく生活しうる、そのために賦与された社会的な権利である。ゆえにそこでは平等即自由であることが、平等の成立の根拠となっている。自由と平等とは、結局各々の権利が保障されて初めて成立する。ただし現実はいずれの充足も程遠く、政治の失策のつけが、またもや相即の論理は幻想にすぎないという巷の誤解を招いている。確かに現実の国家社会からすれば、「自由即平等」も「平等即自由」も非現実的であることは間違いない。たとえば「障害者」の「ハンディ」に対する保障が、政策として妥当であったとしても、ときに社会全体の「歪み」を隠蔽しあるいはむしろ助長することにさえなるように。

社会的権利としての自由権と平等権は民主主義政治の根幹をなしている。しかし国家資本主義社会において両者は、ときに資本主義的放任が自由の代名詞となり平等権を侵犯し、全体主義が平等と同義となり自由権を侵すように、相即的な関係とは真逆な二律背反的な関係としてドミナント化してくる。ある意味宿命でさえあるかのように。このジレンマからの脱却はほぼ不可能に思えるが、それでも両者相即の理想型に接近していく努力を放棄するわけにはいかない。なおも東西思想のグレードアップされた社会科学的知（智）性を以て、社会的矛盾の発生源である国家と資本の論理およびシステムからの脱却・再編のために、ラジカルな民主化運動を推進していかなければならない。

生きとし生きるものの「共棲」、とりわけ人類の「自由即平等」すなわち人権擁護と、さらには人権の思想をも超えて自然生命の共生・共存の実現を目指す民主化の理念には、「他者」尊重の公共的かつ倫理的精神がある。「他者」とは他「生物」であり、しかし何よりも近縁かつ遠縁の、また同質かつ異質な人間であり集団であり他民族であり他国民でもあるが、その精神たるや、対峙・敵対の関係にある「他者」に対してさえ、可能なかぎり理解し、「犠牲」を最小にして行く努力を惜しまない。ちなみに「学校」はそのような精神および理念を日常的に敷衍し育成していく格好の場であるが、現代の制度化された学校教育は、おおむね国家教育（縦の、トップダウン方式の教育）となり、その「強度」は国家の民主化の程度に反比例する。当然国権的な宗教やイデオロギーを絶対的指針とする国家の学校では民主主義教育は望めない。とはいえ今日の情報化社会の発達とともに世界が緊密度を増し、知の情報の伝達や交換が統制国家内教育においてさえ無視できなくなってきている。

それだけに他者尊重の倫理や公共の精神を育成し、学問の自由と学び教える者の自治を推進する「教育の民主化」[5]の果たす役割は重大である。してその最大の任務が「公」教育の敷衍化にあるが、しかし「私」とみなされているなかに「公」的要素が、また「公」とみなされているなかに「私」的要素が必ずや含まれる。したがって「公」とは正しくは私的「公‐共」性であり、その内容や強度は歴史的に変移する。前述したように、現在多くの国家で今なお学校という小「世界」に国家統合の公道徳が課され、一群の保守的な教育官僚や職員達によって、監視や管理の「私‐共」的国家教育が行われている。だがグローバル化した現代社会では、「国家」の「公‐共」性の度合いは明らかに減退しており、現代の教育の民主化は、したがって社会科学的知（智）性の育成を中心とした、脱国家的な私的「公‐共」性の教育でなければならない。

では社会科学的知（智）性の教育が描く学問の世界とは。それは何よりも学問の自由に忠実であり、いかなる絶対的な「知」や教条主義にも服属せず、新旧および東西の学問的垣根を超えより大きな合理と民主を追求（究）する「公‐共」的な、すなわち認識主体の近傍から遠望への、ミクロからマクロへの、また遡行と展望による「過去」から「未来」への事象や出来事すなわち宇宙、地球、自然、生物、人類の実態や歴史社会を、諸科学をはじめ、「顕微鏡」や「望遠鏡」および記憶・証言・想像力を以て、学習し、認識し、観察し、分析し、理解し、評価していく世界である。ちなみにこの無限広範囲の営みによって開示されてくる世界像は、自らが身体的かつ社会的実存として関わる有機的かつパースペクティヴな、存在の矛盾をベースとする「唯物的空なる気の世界」[6]となるであろう。

最後に本章全体の趣旨を要約しておこう。……近代ヨーロッパの科学的かつ社会的知性は合理と民主の理念に基づき科学・科学技術を発達させ、さらに曲がりなりにも民主的な公共社会を築いてきた。しかし近代以来、人間社会は古代からの国家と新たに加わった資本および科学の論理（主義）の、各々の絶対的かつ過剰な不条理によって翻弄され、現代に至るも世界は蹂躙・抑圧、貧困・格差（差別）拡大、難民増大、地球温暖化、核の脅威の問題に晒され、カオスの状態にある。なおその主要な原因は、いずれの論理（主義）をも相対化することのできなかった近代ヨーロッパの知性の限界にあり、「唯物的全体知」はその限界を乗り越えうるものとして提示された。しかしそれは近代の社会的知性を経済的知性へと極端にシフトさせ資本の論理（主義）を明らかにしたが、社会政治的知性のサボタージュにより全体知としての唯物史観を教条化させ、結果国家と科学の論理（主義）を依然相対化できず、むしろ自らがかかる論理（主義）の罠にはまっていった。

そこで社会科学的知（智）性は、この近代ヨーロッパ的知性と「唯物的全体知」を各々ステップアップさせ、存在の根本的な矛盾（食・被食関係、ウィズとアゲインスト、縄張り争い、……）と類的人間の特性（覇権、優生、偶像、……）の支配する実在的にして相対的な世界（唯物的空なる気の世界）を開示し、かかる世界観をバックにより大きくかつラジカルな合理と民主の理念を以て、科学の論理（主義）を相対化させその信頼性を高め、さらに社会的矛盾の最大の発生源である国家の論理（主義）を相対化させ、資本の論理（主義）とともに各々の「壁」を乗り越え世界を変えていく民主化（理念・運動）の重要性を説いた。

二章以降はこの科学の信頼性と民主化に従い、各々の障壁をいかに乗り越え克服していくかについて具体的に考えていく。先ずは人間主体の身体を掣肘し人類のほぼ全歴史を支配し翻弄してきた「国家」の歴史を俯瞰しその「乗り越え」を考察することから始めよう。

（注）

1. このように存在の様態および特性を、科学的な観点によるたんなるアナロジーとしてではなく、東西思潮を超えた高次元的な観点から理解することが重要である（拙書『唯物的空なる気の世界』のなかで詳述しているので参照）。
2. 連合国（米・英・仏・ソ）によるヤルタ・ポツダム会談における非ナチ化、非軍事化、戦犯処罰などの対独処理方針に基づき、国際軍事裁判としてニュルンベルク裁判でナチスのA級戦犯が、そしてそれにならって東京裁判で日本の「戦犯」が裁かれた。
3. イドラとは、「種族」「洞窟」「市場」「劇場」において見られる、要するに人間や社会の感覚、環境、立場、さらには権威や伝統により発生する四つの誤謬（偶像）のことを表現している。
4. この点の詳細については、（注1）同書を参照。なお「物質」即「エネルギー」や電子や量子の「球」即「波」などの、近年の量子力学的な知見は、空思想の「即の論理」に帰趨する。

5. 学校教育の民主化については、拙書『教育の死滅と民主化』で詳論しているので参照。
6. 再び（注1）同書を参照。

第二章　国家の世界史

国家もまた、間-国家的存在にして独立自存の存在である。つまりそれは固有（恒常的）にして非固有（変容的）、社会的物象にして機械、そして「生細胞」「生体」のごとき遺伝的人称的な、複相的多次元的な存在。してその動態は、対内的には中心（核：政府）と周縁（重層的秩序）を形成しつつ、対外的には互いに攻撃し合い、吸収、拡大、成長、またいずれ分裂、衰退、滅亡していく存在の運命とともにある。なおこの運命は、「和」を以て「内に共生・外に自立」という自治的イニシアチブを保持しつつ、結局「内に統制・外に覇権」を指向する国家自体の特性に由来する。

世界のグローバル化は国家（民族）の覇権を以て始まり、近代以前においては「帝国」を以て成就し地方貿易や人的交流がそれに追随した。しかしヨーロッパ近代以降においては、啓蒙的かつ科学的知性が「主権国家」と産業科学技術を創出し、従前の「覇権帝国」の野望を挫くとともに、発達した輸送・情報技術をグローバル化の最大のブースターにすることで、新たに植民地主義と海外貿易を軸とした「近世帝国」を成就させ、西欧中心の地球世界を形成していった。なおそのようななか「世界史」もまた、キリスト教普遍史から、理性的かつ実証的な無限進歩の文化史的世界史さらには唯物史観的な世界史へと発展していった[1]が、両史観とも世界を偏在的な観点（唯心的および唯物的）からとらえたため、存在論的な観点が希薄となり肝心の「国家」の歴史が宙刷りになってしまった。

この章では、この不可視化された「国家」の動態・変容に焦点を当て、リテラシーとしての「国家の世界史」を実証的かつ存在論的に俯瞰し記述し解釈していくことにする。なお時代区分は、ヨーロッパ近代の国家の転換期を境に大きく二つに、さらに各々前後に二つの、計四つの時代に分け（各々時代間の境界の設定は暫定的、便宜的にすぎず、ゆえに後代が前代の特性や要素を副次化しつつ内包し、新たにドミナント化された世界を形成する）、さらに各々時代の主要な国家の動向・発展の軌（奇）跡に関しては、世界（世俗）化された西暦を以て追認していくことにする。

[自然（野獣：縄張り争い）と宗教（神：精神的統制）の合作としての帝政国家の時代]

1．諸民族の活動と帝国の生成・盛衰

一般的に国家は、非開発的な氏族や部族が各々首長の下で呪術的神秘的な祈りと野獣的欲望を結びつけ求心化をはかり、民族集団内部の階級（奴隷、平民、貴族、国王など）化と防衛や覇権のための暴力（軍事）装置の整備により、いわゆる都市国家への転化を以て始まる。そして形成された都市国家はさらに領土拡大と中央集権化をはかり強大な「帝国」を目指す。国家の古代史の記述は、ゆえに諸民族の活動と帝国の世界を中心に展開する。

紀元前三〇〇〇年頃古代オリエント（メソポタミアやエジプト）の各地で都市国家や王国が形成され

たが、前七世紀にはアッシリア人がオリエント諸国を統一し、世界初の「世界帝国」を築いた。しかしかれらの異民族に対する非寛容な政策（重税、強制移住、信仰の自由の否定など）は被征服民の反乱を招き、間もなく帝国は分裂し滅亡してしまう。代って前六世紀にアケメネス朝ペルシャ帝国として再統一したのが、インド＝ヨーロッパ語族のペルシャ人であった。かれらはエーゲ海からインダス川まで領土を拡大したが、異民族に対しむしろ寛容だった（自治と信教の自由を認めた）こともあり、長期政権を確立することができた。一方地中海東部のエーゲ海周辺では、ギリシャ人が前八世紀頃以降各地に多くの都市国家（ポリス）を形成した。なお階級制度を有する都市国家であっても、その特性に相異が見られ、とりわけ商業中心の直接民主政を行い、ソクラテスやプラトンなどの哲学者を輩出しギリシャ文明の中心ともなったアテネと、軍国主義的な厳格な体制をとったスパルタとの対照性は余りにも有名である。ただいずれも「国力」が抜きんでており、前五世紀のペルシャ帝国の侵攻に対しては、両国を中心としたギリシャ諸都市国家連合軍を組織し、ペルシャ軍と戦い勝利した（ペルシャ戦争）。しかし共通の敵がいなくなると両雄相争うことになり（ペロポネソス戦争）、いずれ新興国マケドニアの侵攻もあり、都市国家自体が崩壊していくことになった。

前四世紀後半ギリシャ世界を掌握したマケドニアは、アレクサンドロスの主導の下にペルシャ帝国への報復戦争〈東方遠征〉を開始し、ペルシャ軍を次々と撃破し、ついには中央アジアからインダス川流域まで征服し、「世界帝国」に相応しいアレクサンドロス大帝国を築いた。なおこの東西に跨る大帝国の形成は、ギリシャ文明とオリエント文明を融合するヘレニズム世界文明を生み、東方にギリシャ文化を伝播させることにもなった。しかし強力な指導者によって樹立したにわか大帝国は、指導者の死によって後継者争いに転じ、いずれ分裂し、古代ローマ帝国に征服されてしまう。
「ローマは一日にしてならず」であり、ローマ帝国の成立には紆余曲折があった。前五〇九年頃ラテン人が自ら築いたと言われる都市国家ローマからエトルリア人の王を追放し、貴族共和政を開始するとともに、領土を拡大し前二七二年にはイタリア半島を統一し、一大領土国家を築いた。しだいに分権的な共和政治も見られるようになり、平民の自治、保護、主張などもいくらか認められるようになった。しかし国家としては内乱も勃発し、中央政治が独裁政治と「三頭政治」[2]を繰返すなど、不安定なままであった。そこで前二七年に「共和政」を温存させたままで帝を戴くといういわゆる元首政が創設され、強力な求心力の下ついに地中海周辺全体の広大な領土を支配する大ローマ帝国が誕生した。以後帝国はゲルマン民族の侵入により分裂に至る後三九五年まで、地中海世界での産業や商業の繁栄、発達、さらにはキリスト教の浸透もあり、まさに「専制」と「神」による「安定」した長期政権を築いた。

諸民族の活動と諸国家の発展にともなうオリエント、ギリシャ、ヘレニズム、そして地中海の全域に及ぶ文明世界の誕生とほぼ同じ頃、アジアの南と東で類似の文明世界が出現した。先ず南方では、前二〇〇〇年頃インダス川流域中心におそらくドラヴィダ人による平和的で整備された都市文明が繁栄していたが、中央アジアからのアーリア人の侵入とともに、前一五〇〇年頃に滅びてしまう。アーリア人は、前一〇〇〇年頃にガンジス川流域に進出し、各地に部族社会さらにカースト制度[3]に基づいた都市国家を形成した。

前五〇〇年前後には諸部族が統合され王権が確立しコーサラ王国やマガダ王国などが出現し、前三一七年頃マガダ王国のナンダ朝に代ったマウリヤ朝がインド一帯をほぼ統一し、一大帝国を築いた。帝国は前三世紀三代アショーカ王のとき最盛期を迎え、国家の安定のために仏教（ブッダ）を保護した。彼の死後急速に王朝が衰退したが、後一世紀にインダス川流域一帯にクシャーナ朝が誕生し、カニシカ王の最盛期には同様に仏教（大乗仏教）が保護された。しかし四世紀にグプタ王朝が北インドのほぼ全域を支配するとともに、カースト制度を認めない無神論的な仏教に代って、国家の論理に適った多神教的なヒンズー教が普及し、以後仏教はインドを代表する宗教でなくなっていった。

一方アジアの東方では、前五〇〇〇年頃に黄河文明が生まれ、小規模な共同体（邑）から都市国家（大邑）への発展が見られた。そして前一六〇〇年頃に中国最古の王朝殷が、次いで前一〇二七（五〇）年頃に周が誕生した。殷王朝は神権政治を行ったが、周王朝は氏族的血縁的な封建制を確立し中国一帯を支配した。しかし匈奴など北方民族の侵攻もありしだいに弱体化し、諸侯の覇権争いの勃発とともに分裂し、前七七〇年から二二一年までの長きにわたる春秋・戦国時代へと突入していった。なお儒家、道家、法家など中国を代表する思想家達（諸子百家）は、こうした封建制崩壊の戦乱の時代に活躍し、後代中国王朝形成に大きな影響をもたらすことになる。

やがて戦乱期は終息し、前二二一年には秦の始皇帝が、中央（朝廷）の官僚制と地方の郡県制に基づく強大な中央集権国家体制を確立し、他方漢字や貨幣・度量衡などを統一化することで、後の中華秩序の土台となる中国古代帝国を築いた。さらに彼は匈奴などの北方異民族の侵攻を防ぐため万里の長城を築き、法家の戦術を手本に軍事的な備えに万全を期した。しかし中央集権的な軍事体制下にあって、道徳や人間性を重視する儒家の教えは排除され（焚書坑儒）、専制的で硬直した政策のみが横行し、結果民衆の反感・反乱を招き、絶対的頂点〈始皇帝〉の崩御とともに、わずか一五年で大帝国はもろくも滅びた。秦帝国の滅亡後中国を再統一した漢王朝（前二〇二年）は、秦帝国のような強引な中央集権体制を改め封建制と郡県制を併用する緩やかな郡国制を設けたり（前漢）、儒教による政治を推進し、遠く西域をも支配・開発（シルクロード）し東西文明の交流にあたらせる（後漢）など、硬軟両面からの政策によって四〇〇年にも及ぶ長期政権を築いた。とはいえ帝国の盛衰は避けられない。漢帝国もまた、しだいに帝国内部で高官や豪族の覇権争いが勃発し、政治が乱れ滅亡する。後に中国は、三国時代を経て統一と分裂を繰返し、北方遊牧民の侵攻や活動も盛んになり、再び長きにわたる「内乱」状態へと入っていく。

四世紀頃までのユーラシア大陸では、諸民族の戦略的な活動によって多くの王国や帝国が生成し、アジア、ヨーロッパおよび中東の各々の地域一帯に独自の文明世界が形成された。しかし五〜六世紀以降北方遊牧民が勢力を増し、さらに七世紀にはアラブ人やイスラムが台頭し、大陸の勢力図および国民の民族構成が大きく変えられていく。

先ず東アジアでは、四〜六世紀初頭、特に騎馬戦力により軍事戦略に長けた匈奴や鮮卑《せんぴ》などが、当時内乱状態にあった中国の晋王朝を滅ぼし（後三一六年）、漢民族を南方に移動させると同時に、自らが残留漢民族とも提携し王朝（北魏）を築いた。他方南方の漢民族は晋王朝を引き継いだ（東晋）が、結局南北のいずれの王朝も短期に政権交替を繰り返し、内乱状態が続いた。そのようななか、新たに台頭したトルコ系遊牧民突厥《とっけつ》に対抗するため、北朝の政権を支配した隋が南朝をも滅ぼし中国を統一し（五八九年）、再び中国大陸に大帝国を築いた。しかしその隋王朝も高句麗（朝鮮）遠征の失敗も重なりしだいに衰退し、まもなく唐王朝に政権が奪われた（六一八年）。唐王朝は、隋の均田制や租庸調の税制を受け継ぎさらに律令制度を確立し、三〇〇年近くも長きにわたり大帝国として中国を支配した。しかしいずれ衰退は避けられず、内乱の続発とともにしだいに統一性を失い、ついには五代十国に分裂し滅亡に至る（九〇七年）。しばらくは諸国割拠の時代を迎えるが、やがて宋王朝が覇者となり新たに武断政治ならぬ文治主義を以て中国を統一した（九六〇年）。帝国内では宋学が興り、科学技術の進歩も見られ、羅針盤、火薬、印刷技術が発明された。なおこの頃の北方異民族の勢力は、突厥やウイグルから、遼帝国を形成したモンゴル系の契丹《きたい》に交代していた。だがそれも金王朝を築いた女真族と宋王朝によって挟撃され滅びてしまう（一一二五年）。

西アジア・西欧では、四世紀後半おそらく匈奴を出自とするフン族の西進などにともない、諸部族より成るゲルマン民族がヨーロッパ全土へと大移動を開始した。先ず西ゴート族がローマ帝国内に侵入し、すでに宗教対立の見られた帝国はさらに混乱し、やがて東西に分裂する（三九五年）。東ローマ帝国はビザンツ帝国としてその後一五世紀まで続いたが、西ローマ帝国は、引き続き領内に多くのゲルマン諸部族が侵入ししだいに弱体化し滅亡する（四七六年）。しばらくは西欧一帯にフン族を含めゲルマン諸部族同士が相争いゲルマン諸国家が乱立した。そのなかで西ゴート族がイベリア半島に、後に東欧地域に東ゴート族が、さらに遅れて北イタリア半島にロンバルト族が各々王国を建設した。他方ヨーロッパ中央域ではフランク族が周辺の諸部族国家を統一し（四八一年）、封建社会を基盤としたフランク王国を建設した。フランク王国は古代ローマ、ゲルマン、キリスト教文化を融合させ、およそ四〇〇年にも及ぶ一大帝国を築いた。後に帝国は相続をめぐり三分割されたが、西フランク王国と東フランク王国のみが残り、一〇世紀末にはそれぞれがフランス王国（カペー朝：九八七〜一三二八年）と神聖ローマ帝国（九六二〜一八〇六年）へと発展する。

なお北のゲルマン民族アングロ・サクソン族は、五世紀中頃北欧のブリテン島に侵入し、先住民ケルト族を征服して七王国を建立したが、八世紀末になるとスカンジナビア半島などさらに北方を原住地とする、同じ北のゲルマン民族ノルマン人の侵攻により苦しめられた。ノルマン人は九世紀末にヨーロッパ＝ロシア地方にも侵入し、スラブ民族を支配するとともにロシアの起源ともなるノヴゴロド公国次いでキエフ公国を築き、さらに一〇世紀頃には北欧三王国（ノルウェー・スウェーデン・デンマーク）を成立させ、また一一〜一二世紀には地中海の南イタリアとシチリア島に侵入し、両シチリア王国を建設した。

一方ゲルマン民族の大移動に直接影響を受けなかった西アジア・中東方面では、イラン人やアラブ人およびイスラムの民族活動が活発になっていた。前三世紀にペルシャ系遊牧民（イラン人）がパルティア王国を建立し、メソポタミアからインダス川流域に及ぶ広い領土を支配する一大帝国となっていたが、領土（シリアなど）をめぐりローマ帝国と長い抗争を続けしだいに弱体化し、後二二六年に王国治下にあった、アケメネス朝ペルシャの復興を掲げたササン朝によって滅ぼされた。ササン朝ペルシャは以後長きにわたり西アジアを支配したが、七世紀に入ると内紛が発生し弱体化した。そのようなか当時急速に発展してきたムハンマドを宗祖とするイスラム教団（国）が、自らがムスリムとなり、西アジアから北アフリカにかけてジハード（聖戦）を展開しアラビア半島を統一し（六三〇年）、ササン朝ペルシャをも滅ぼした（六五一年）。しかしムハンマドの死後後継者（カリフ）争いが勃発し、そのようななかアラブ人がイスラム教の正統を奉じアラブ大帝国ウマイヤ朝を築いた（六六一年）。かれらはイベリア半島を統一し（西ゴート王国滅亡）、貨幣や言語の統一化をはかるとともに、積極的に東西に及ぶイスラム世界の拡大に邁進した。

しかしウマイヤ朝内部ではアラブ人の特権化に不服を持った生粋のイスラム教徒がしだいに勢力を増し、ついにウマイヤ朝から政権を奪還し、新たにイスラム教の理念に則ったイスラム帝国：アッバース朝（東カリフ国）を築いた（七五〇年）。一方なおも前政権を継承するアラブ人はイベリア半島で後ウマイヤ朝（西カリフ国）を建設した（七五六年）。イスラム帝国は、貿易活動や流通経済ネットワークを一気に広げ、ギリシャ・ローマ文明をも引き継ぎ世界大帝国を目指したが、教義の解釈や後継者（カリフ）選びを巡る争いは避けられず、王朝の分裂や興亡が長い間続いた。ただそのようななか一〇～一一世紀には、突厥を出自としイスラム化した軍事奴隷トルコ人が勢力を得てセルジューク朝を樹立し、中央アジアからイランに及ぶ広い範囲を支配し、大帝国を築いた。さらにかれらは小アジア（アジア西端）に進出し、ビザンツ帝国をも脅かし、キリスト教の聖地イェルサレムを占領した。このようなイスラム勢力に対抗し、キリスト教を奉じるヨーロッパ諸国家は、ジハード類似の聖地奪還のための十字軍遠征を開始する。

一三世紀に入ると、東北アジアに突如最強の騎馬遊牧民：モンゴル民族‐蒙古軍が出現し、ユーラシア大陸全域を震撼させた。かれらは世界制覇を目指し、周辺の西夏や金を滅ぼし中国を元とし、南宋をも滅ぼした。さらにロシアのキエフ公国を占領し、南方のチベット、さらには南西地域のイスラム王朝をも征服するなど、その支配はユーラシア大陸の大部分に及び、各部にキプチャック＝ハン国、チャガタイ＝ハン国、イル＝ハン国などの諸ハン国をつくり、空前の史上最大のモンゴル「世界帝国」を実現した。それはまさに大陸全体の勢力図を一変させる大「事業」であったが、しかし一〇〇年ほどで終わりを告げた。モンゴルの騎馬戦力はずば抜けてはいたが、船舶技術は未だ劣り、船での遠征はそれほど上手くはいかず、朝鮮王朝高麗を服属させたが、日本（鎌倉幕府）への侵攻は失敗に終わった。他方大帝国（諸ハン国）内部の分裂や独立をも来すようになり、ユーラシア大陸の支配は西端のヨーロッパ諸国にまでは及ばなかった。

モンゴル民族の「挫折」のもう一つの大きな理由として、かれらは強力な「野獣」性を備えていたが一神教的な強力な精神的支柱を欠き、結果キリスト教やイスラム教の絶対的人格神を奉じるヨーロッパや中東イスラムの諸帝国を支配しきることができなかったことが考えられる。西アジアで一四世紀後半にハン国の分裂を統一し、イスラム教を基にしたモンゴル帝国の再建を目指すある意味折衷的なティムール帝国（一三七〇〜一五〇七年）が出現したが長くは続かず、崩壊後はイラン人によってイスラム教を奉じるサファヴィー朝（一五〇二年）が台頭するなど、モンゴル系民族の支配が途絶えていった。さらに南方インドでも、一五二六年にモンゴル帝国の再興を企図したムガル帝国が出現したが、結局イスラム教徒によって支配されるようになった。一神教を奉ずるかれらは、当初在留するヒンドゥー教徒に対し融和策をとっていたが、しだいに迫害に転じ、結果反感憎悪を生みやがて自らが帝国の衰退を招いていった。

そのようななか西アジア西端では、モンゴル民族に圧迫されていた、イスラム教を奉じるオスマン＝トルコ族がモンゴル帝国の崩壊にともない民族的自覚を高め建国し（一二九九年）、一四五三年にビザンツ帝国を滅ぼし、一五一四年にはサファヴィー朝の都を陥落させ、さらに一五一七年にはマムルーク朝（エジプト）をも滅ぼし、ヨーロッパ、アジア、アフリカ一帯に及ぶオスマン大帝国を築き、教権と政権を併せもつスルタン＝カリフ制と強力な常備軍の下、東西海陸中継貿易の利益を独占していった。次代の世界の中心となったのはしかし、ユーラシア大陸を股にかけ世界覇権を目指したモンゴル大帝国でも、かかる強力な中央集権国家体制を築いたオスマン帝国でもなく、キリスト教を奉じ大西洋から太平洋を股にかけ世界覇権を目指したヨーロッパ諸帝国であった。

2. ヨーロッパ諸帝国発世界争奪への始動

現代の国民国家の起源は近代ヨーロッパ国家にあると言われている。当時それは、神と結託した、しかししだいに神への依存をも脱していく、絶対的な「国家主権」に信を置いた専制国家であり、さらになおも世界覇権を目論み土地と富の獲得・増大のために地球を分割し支配していく野蛮な「帝国」であった。以下このヨーロッパ諸帝国発の世界争奪の歴史を振り返って見る。

モンゴル遊牧民族の世界制覇への途は、羅針盤の実用化、海図の作成および天文学の応用によって遠方航行を可能にしたヨーロッパ・キリスト教諸帝国の海外進出によって取って代わられる。一三〜

四世紀頃すでに高度な航海技術をもったイタリア商人達は、一一世紀末に始まった十字軍遠征に便乗し、物資を中心とした地中海貿易を活発に行うようになった。このようないわゆる重商主義的な経済は、イタリア諸都市を中心にヨーロッパ全域に富をもたらし、またルネッサンス文化（人文・科学・芸術……）を興すことで、物資と人為の両面で多くの都市市民を潤すことになった。してこの「繁栄」は、しだいに十字軍を援護するヨーロッパ人に地中海から大西洋にさらには太平洋へと、遠方航行による世界制覇への大きな野望をも抱かせるようになった。なおそれは十字軍とルネッサンスによってもたらされた神と野獣とそして人為と結びついた、新たな時代への幕開けを意味した。改めてこの点に留意し、各々の「出来事」について、さらに詳しく見ておこう。

先ず十字軍遠征とは、当初それはキリスト教の宗祖イエス生誕の聖地イェルサレムへの巡礼を名目に当地の奪還・支配・防衛を目指すものであった。しかしその遂行のために、当時中東を支配していたイスラム教を奉じるイスラム王朝（アイユーブ朝とマムルーク朝）と戦うことになった。この両陣営による「聖戦」とはまさに野獣の戦いであり、特に侵略者たる十字軍による異教徒抹殺は残虐極まりないものであった。かれらは信仰で糊塗（免罪）された野蛮な行為を「情熱」に変え、さらなる「聖戦」に臨んだのだ。このまさに神と野獣の結びつきは、当時の教皇と王族の結託した神聖ローマ帝国をはじめヨーロッパ諸帝国の本質を物語っていた。なお遠征は、第一回目（一〇九六年）でイェルサレムを攻略し王国を建設したが、すぐにイスラム王朝に奪回され再び奪還するといった、執拗な攻防が繰り返され、結果七回と二〇〇年近くにも及んだ。なおその事由として、遠征の目的が宗教的（異教徒・異端排除）、政治的（領土獲得・支配）かつ商業的（貿易・略奪）覇権と多様化し、また侵攻がビザンツ帝国や地中海周辺の広い範囲に及んだことも関係している。

いずれにせよ十字軍は長期の遠征による疲労と敗戦が重なり、最後の拠点アッコンの陥落（一二九一年）を以て終止符が打たれた。

次にルネッサンスについてであるが、その発祥地はいちはやく地中海貿易で富を得て商圏の拡大と繁栄をもたらしたイタリアの都市ヴェネツィアにあった。前述したようにイタリア（半島）は、六世紀頃東ゴート（オドアケルの）王国によって支配されていたが、後に北イタリア中心にロンバルト族が王国を建設し、しだいに半島全土をも支配するようになった（五六八～七七四年）。ただ全土支配とはいえ王権は弱く、北イタリアでは教皇と封建領主の強い権力の下で、諸侯・貴族達による都市や共和国がヴェネツィアを発端に、各地に誕生していった。なおヴェネツィア都市の商人や諸侯達は、早くから地中海貿易を独占し、第四回十字軍遠征では主導的役割を担うなど富と軍事の力を増大させ、さらに一四世紀前後から繁栄してきたフィレンツェ（共和国）などその他の諸都市とともに学問・芸術を発達させ、しだいに人間の美的感覚や合理的な考えを尊重するいわゆるイタリア・ルネッサンスを興していった。後にイタリア諸都市間の対立・抗争、オスマン帝国の地中海東部からの侵攻、さらには大西洋沿岸諸国の発展などとともにイタリア・ルネサンスが衰退していくが、ネーデルランド港を中心としたいわゆる北方ルネッサンスが代って繁栄し、少し遅れてその他のヨーロッパ諸国のルネッサンスも開花していった。

ルネッサンスの世界観が広くヨーロッパ全体に共有されていくなかで、キリスト教の神的宇宙観に基づいた天動説が地動説によって覆されるなど人為的な意識の転回が生起し、国民の意識もしだいに神の力に代って人間の能力に信頼を置くようになっていった。折しもヨーロッパ諸帝国内において、聖地奪回の失敗が教皇権を失墜させ、また諸都市の発展が封建諸侯を没落させていた。そのようななか貿易で富を得た商人達と結託した世俗的な君主達が、宗教的かつ政治的特権を掌握し国力を高めその勢力を増大させていった。

こうして十字軍遠征以降、自らが神聖的存在となり権力を増大させたヨーロッパ国王達は、常備軍と官僚制を強化し、中央集権的な支配体制を確立していった。そしてこの絶対主義的な国家（主権）および帝政の下で、重商主義的政策を独占的に推進し、さらなる覇権拡大を目指した。とはいえその遂行のためには、十字軍の遠征範囲すなわち地中海沿岸領域を越えて大西洋に出ていかなければならない。特に地中海貿易で最大の富を得た沿岸の諸王国にとっては、それは切実な野望となった。そこで地中海から大西洋への玄関口であるイベリア半島を支配することと航海技術を改良・高度化することが目指された。

八～一一世紀イベリア半島は、後ウマイヤ朝などイスラム勢力が、西ゴート王国を北方に追いやりその大部分を統治し、さらに北アフリカに及ぶ地中海周辺一帯を支配し、地中海貿易をも牛耳るようになっていた。しかし一〇～一五世紀の長期に及ぶヨーロッパ・キリスト教徒達による国土回復運動（レコンキスタ）や後の「スペイン十字軍」の攻撃によって、イスラム勢力が大陸から一掃されることになった。そのようななか直接大西洋に面し、大航海の実権を握ったポルトガル王国（一一四三年～）は、しばしば地中海を経て寄港するイタリア・ジェノバ商船から航海技術を学び、一五世紀には絶対主義国家となった王室の事業として、アフリカ北西部の海岸などの探検を開始した。

航海技術については、ルネッサンスの三大発明とみなされている火砲と羅針盤と活版印刷の発明が、なかでも羅針盤の果たす役割が大きかった。ちなみにこの三大発明の由来はいずれも、前述の中国の宋（北宋）時代の一〇世紀末に発明された火薬、羅針盤および印刷技術の発明にあると言われている。ある意味中国の科学技術的な能力の高さを物語るものと言えるであろう。ただイタリア人によって発明された羅針盤は磁針と方位カードが組み合わされた巧みなものであり、後に方位盤を磁針の上に置く乾式なものに改良されるなど高度に工夫されるようになり、結果遠洋航海を可能にしたものと思われる。また地球球体説に基づき地球儀（ベハイム）が、さらに船位や船速力を推定する方法などが考案され、航海技術は一層高度化されていった。なお火薬を使った火砲の発明も「敵」の攻撃手段として重要な役割を担った。こうして一五世紀末から一六世紀中頃にかけてポルトガル商船はアフリカの喜望峰を経て東方のインドやマラッカ諸島に至り各地に寄航し、貿易や植民の拠点とし、さらに中国の明や日本（室町幕府）にも到来し交易を迫った。

このポルトガルのインド航路の開拓に刺激され続いて台頭してきたのは、一四七九年にカスティリャ王国（九三〇年）とアラゴン王国（一〇三五年）の合併により誕生したスペイン王国であった。少し遅れをとったが一五世紀末には同様の絶対主義国家となり、スペイン女王の後援の下で探検家・征服者達は西方に進出し、中・南米大陸に到達し先住民の国家（メキシコ・アステカ王国やペルー・インカ帝国）を次々と滅ぼし、征服し、植民地化することで貿易の拠点としていった。なおスペイン商人達によりヨーロッパに持ち込まれた中南米からの大量の銀は急速な物価騰貴をもたらし、後にこの「価格革命」が原動力となって都市の新興資本家によるマニュファクチュア（機械制大工業）が発達し、イギリス・ロンドンを中心とした産業革命へと結びついていく。

さて当時世界制覇はポルトガルとスペインの王国の手に握られていた。両国による世界〈地球〉分割線（一四九四年のトルデシリャス条約と一五二九年のサラゴサ条約による境界線）の画定は、まさにその象徴であり、それはかれらの野望の大きさ、身勝手さ、そして何よりも狡猾さを物語るものでもあった。いずれにせよ各々王国の東西への大航海により、現地住民の支配、抑圧、奴隷化による植民地化、およびアフリカ大陸経由の黒人奴隷貿易を媒介にした、ヨーロッパ―インド・アメリカ―アフリカを結ぶ三角貿易の土台が築かれていった。と同時にヨーロッパ諸帝国発の植民地や貿易ルート獲得をめぐる覇権争奪の幕が切って落とされた。してその最初の覇者となったのが、スペイン王国であった。

新大陸からの膨大な富を手にしたスペインは、「太陽の沈まぬ国」としてしだいに、大西洋覇権の主導権をポルトガルから奪っていく。スペイン王国軍は、当時西アジア・中東を支配していたオスマン帝国軍を撃退し（一五七一年）、地中海の制海権を握ると、ポルトガルを併合（王位継承）しアジア貿易を支配下におさめ、全世界に貿易と植民の拠点を有する世界大帝国となっていった。だがそのようなスペインの勢いも戦争、浪費、宗教的迫害などにより国内に混乱を招き衰退していく。代って世界制覇への主導権を握ったのは、オランダとイギリスそしてフランスであった。

一五八一年にスペイン王国からの独立を宣言したネーデルランド連邦共和国オランダは、艦隊を増強し貿易や植民地経営に乗り出し、特に一六〇二年に東インド諸島を中継点（バタヴィア商館など）に設立した東インド会社は、ポルトガルをインド貿易および東インド諸島から排除し、東洋貿易を独占し商業覇権を確立した。一方九世紀にアングロ＝サクソン七王国を統一しイングランド王国となったイギリスは、すみやかに絶対王政を確立し、テューダー王朝のエリザベス一世在位のとき、スペインの無敵艦隊を破り（一五八八年）、一六〇〇年に東インド会社を設立しアジアに進出し、さらに北米大陸に植民を開始した。イギリスの東インド会社は当初商業企業体にすぎず、東インドではオランダにより退けられたが、後にしだいに領土的・政治的支配を強め、インドでは専制的地位を確立するまでになった。少し遅れて絶対王政のフランス帝国も、イギリスに対抗して一六〇四年に東インド会社を設立しインドの支配を企て、さらに北アメリカの植民活動にも乗り出した。しかしイギリスとの戦い（プラッシーの戦いやフレンチ＝インディアン戦争などの植民地戦争）に敗れ、特に北米では当初はカナダからルイジアナに至る広大な地域を植民地としたが、しだいにイギリス軍の攻勢により退行余儀なくされていった。

ところで一六世紀以降植民地をめぐり覇権を争ったヨーロッパ諸帝国の中央集権的な絶対主義体制は、すでに古代の秦中華帝国をはじめ東・南・西アジアの多くの諸国家で見られた。同時代的にも一四〜一七世紀の東アジア中国では、漢民族がモンゴル民族国家（元）を打倒し、再び中央集権的な中華帝国：明を築き、ヨーロッパの大航海に先駆け、しかし「平和」的に、大艦隊を率い東南アジアから、インド、アラビア半島、アフリカ東岸に至る大遠征（鄭和の大遠征）を行い、朝貢貿易などにより繁栄していた。また一六世紀インドでも、ムガル帝国（アクバル大帝）が、また西アジア・中東ではスルタン＝カリフ制のオスマン帝国が、いずれも中央集権的な国家体制を確立していた。北西アジアつまりヨーロッパの東北地方でもロシア公国が、モンゴル民族によるハン国支配から脱し（一四八

○年)、一六世紀中頃絶対王政(ツァーリズム)の基礎を固め中央集権的な国家となり、さらに覇権を目指し勢力を拡大しついにはシベリア一帯を支配する大帝国へと発展していった。そのような世界勢力図の中で、ヨーロッパ諸帝国発世界制覇といえども自ずと限定的なものとなり、貿易・植民地支配はもっぱらその他のいまだ力のなかったアフリカやアメリカあるいは南アジアの諸地域に及んだにすぎなかった。

近世ヨーロッパの諸帝国は、野獣(自然)と神聖(宗教)とを合作した、『王権神授説』さながらの絶対王政の下で、領土や宗派をめぐる覇権争いを繰り広げてきた。ちなみに海外では十字軍遠征を皮切りに植民地争奪戦争が、また大陸内ではカトリックとプロテスタント両派の対立を発端とした三〇年戦争(一六一八年〜)が、さらにいくつかの国家継承戦争を経て、領土争いを発端とした七年戦争(一七五六年〜)が続発した。なお各々戦争の多くが国際戦争さながらの、野蛮で果てしないカオス的様相を呈するに及び、脱国家的国際的な見地に立った合理的で民主的な考えや施策が要請されるようになった。してその端緒となった思想が、ルネッサンス出自の政治思想、グロティウスの絶対王政批判を踏まえた国際法の思想であった。何よりも彼の「人間の信義と講和」の概念を参照に三〇年戦争を終結させたウェストファリア条約の果たした意義は大きかった。それは信仰の自由と平等を認め、国家(スイス、オランダ、ドイツ)の独立承認と主権の認可という、自治としての「主権国家」概念を初めて成立させたのである。[4] この社会的知性に基づいた国家史を画期する営為は、まさに人為的「功績」であり「出来事」であった。

他方このような近代の社会的知性に基づく画期的な営為は、諸帝国内の政治にも反映するようになった。とりわけ世界覇権を掌握しようとしていたイギリスにおいて、絶対王政の専制政治に対抗する議会派の力がしだいに強くなり、ついに一六四二年に絶対王制を転覆させる清教徒革命が生起した。それは、国王を宗教上の最高権威とする国教主義を国民に強制しようとする絶対王政側の王党派と、『マグナ＝カルタ〈大憲章〉：一二一五年』に基づいた議会政治の伝統を守るために、「権利（議会の権利と国民の基本的人権）の請願」を迫った議会派との間の衝突を以て始まった。この人為的な革命の歴史的画期性は大きかったが、しかし革命の経過と結末において、正負の教訓をも後世に残した。正の面とは、議会派各派の主張の中にすでに共和政、信仰の自由、普通選挙、貧民解放などラジカルな民主化を主張する（真正）水平派が存在したこと、負の面とは、軍隊を掌握した独立派の指導者クロムウェルが王制を廃止させたが、自らが議会政治を否定し独裁政治を行い、さらに他国を征服し覇権戦争に邁進したこと、にある。

清教徒革命の顚末は、権力争奪に付き纏う両義的な宿命でもあり、それは後に続く革命の運命をも支配した。たとえば清教徒革命後に絶対王政復古に対抗し生起した名誉革命（八八年）は、「平和」的に絶対王政の廃止と統治者王の交替が行われ、なおかつ立憲君主政にして議会の権限や言論の自由などを規定した『権利の章典』を成立させ、国民国家形成への端緒となるまさに「名誉ある」革命となったが、しかしそれは王政と議会との権力間の妥協と折衷の産物でもあった。なお当時の啓蒙思想家ロックの政治思想は、名誉革命の追認・弁護でしかなかったが、それでもホッブズの獣的な民衆とその調整権力としての絶対王政を擁護した政治思想とは異なり、独裁や覇権政治を回避する、人民主権に基づいた議会中心の民主政治を重視した点では画期的であった。してその革命的な思想と精神はなおも北アメリカのイギリス植民地の人々に、さらにはフランスの民衆に、そして今日の世界政治に受け継がれていく。

[人為（科学、イデオロギー）と資本の合作としての国権主義の時代]

3. 国民国家の台頭と帝国主義

一七世紀を通してイギリスの絶対王政は北アメリカのヴァージニア地方に植民地の基礎を築いた。しかしそこには、皮肉にも王権の専制に抗し自由を求める清教徒など多くのイギリス人が植民し移住するようになった。さらに移住者達は一八世紀中頃までに東岸一帯の一三の植民地にまで広がり、それぞれの植民地で議会を設けて自治を行うようになった。一方イギリス絶対王政は、前述したように東インド会社の運営や北米の領土をめぐってフランスと抗争し、その勝利とともになおも北米の領土を西へと拡大しようと画策した。しかし本国政府に戦費の負担と広大な植民地経営による財政難が発生すると、かれらはそのつけを植民地イギリス人やその子孫であるクレオールの自治体に押し付け、支配を強化しようとした（印税法や茶法など）。だがすでに自治意識の高まっていた植民地自治体は各々が集まって大陸会議を開き本国に抗議し、本国政府が無視したため、ついに一七七五年にいわゆる独立革命戦争を起した。

なお大陸会議では、ロックやフランスのルソーの社会的知性に基づいた社会契約説に沿い、万人の自由と平等を保障する基本的人権が宣言され、七六年に人民主権や革命権を銘記したアメリカ独立宣言が発表された。そして八三年には、植民地連合はフランスの加勢もあり対英戦争に勝利し、パリ条約によりアメリカ合衆国として正式に独立し、人民主権、連邦主義、三権分立など、「共和」と「民主」の精神およびシステムに基づいた「国民国家」を初めて誕生させた。民主化という観点からは、宣言の「万人」に黒人が除外されるなど、その限界が明らかではあったが、それでもイギリス本国での革命の失敗や妥協などの桎梏からは限りなく自由で民主的であった。

一方フランスのパリでも一七八九年に、一部の貴族・僧侶や多くの中産ブルジョワジーの市民達が、君主が自ら承認した立憲（国民）議会を再び弾圧したことに対し暴発し、フランス革命に及んだ。議会は秩序の回復と維持をはかるために、すなわち「革命」であることを認知させるために、アメリカの独立宣言や自国のモンテスキューやルソー達の啓蒙思想に倣い、その理念となる人権宣言（社会的・政治的自由と平等の権利を有する国民主権と三権分立の確立など）を出した。さらに九二年には国民公会が招集され、王政廃止、共和政の樹立が宣言され、君主主権ならぬ国民主権の「国民国家」が誕生した。……しかしこの革命もまもなくイギリスの清教徒革命同様、ロベスピエール主導の下独裁的な恐怖政治に陥り、さらにはナポレオン帝政の反動的な覇権主義政治へと帰結していった。それでも革命のラジカルな精神と行動は、その他のヨーロッパ諸国や世界各国に大きな反響をもたらした。

歴史は繰り返すと言うべきか、それとも「歴史の狡知」と言うべきか、独裁的専制政治を拒否する「市民」革命が、再び拒否した当の政治に戻るという矛盾、不条理、アイロニーを、要は革命の暴力的な「徹底」が粛清と独裁の、他方その「平和」的な「不徹底」が妥協や折衷に頓挫してしまうというジレンマおよびリスクをいかに受け止め、反省し、克服していくかということが、以後の革命や政治の在り方に対する重要な命題となっていく。とはいえ反動的なナポレオン帝政によるヨーロッパ統一という覇権主義が、同時にフランス革命の理念を広める役割をも果たすことになったように、革命の精神は矛盾や不条理をはらみつつなおも確実に世界に波及し伝承されていった。

ナポレオン帝政の支配は一九世紀前半にはヨーロッパ全土に及んだが、すでに一六一三年にモスクワ大公国から強力な中央集権的体制を構築していた巨大なロシア帝国（ロマノフ朝）は当初より支配の埒外にあり、また支配の及んだ諸地域・諸国家でも民族主義やナショナリズムが高まり、各々が独立していくなかで、ナポレオン帝政はしだいに衰退していった。そのようななかヨーロッパ諸帝国の君主や政府はナポレオン戦争後のヨーロッパの秩序再建のために、オーストリアのメッテルニヒ主導の下にウィーン会議（一八一四年）を開いた。そこでは当時の英・露・墺・プロシアなど大国同士が結託し、フランス革命以前の支配者や領土を是とする正統主義を指導原理に、自由主義や国民主義の革命の理念や運動を排し復古的な専制政治を目指す反動的な国際的同盟―ウィーン体制が構築された。

国際的な協調と「平和」維持という点ではウィーン体制は、かつてのウェストファリア条約の論理を継承するが、しかし後者が「独立国家として対等の国際関係を持つこと」を重視したが、前者では大国優位の復古的で反動的な「君主」同盟が重視され、自由で革新的な運動に対しては国境を超えて干渉・抑圧し、かろうじて継承した主権国家概念も絶対君主中心の国権的な概念に吸収され、大きく後退した。とはいえそもそも主権国家概念は自治意識と国権主義の判別に無関心であり、ウィーン体制下の秩序回復への諸国家の動向には、当初はお互いが国家の独立や帝政の統一を目指しつつも、しだいに保守と革新の絡む複雑な様相を呈するようになっていった。

ちなみに当時のヨーロッパ諸国家の統一運動を俯瞰すると、先ず一八〇四年にハンガリーを併合したオーストリア帝国が、ハンガリーの自治を認め一八六七年に新たにオーストリア＝ハンガリー帝国となった。またイタリア半島では北イタリアの諸都市国家と南イタリアのシチリア王国さらにはローマ教皇領が合併し、一八七〇年にイタリア王国として統一された。他方ナポレオン遠征によって解体された神聖ローマ帝国は諸国家に分裂（ライン同盟）していたが、後にポーランドの分割・吸収により力をつけていたプロイセン王国が中心となり北ドイツ連邦が形成され、さらに南ドイツ諸国の併合とともに一八七一年に新たにドイツ帝国として統一された。一方バルカン半島ではオスマン帝国の衰退とともに、一八七八年以降ルーマニア、セルビア、モンテネグロなどの王国が誕生した。

このような併合、分裂、統一、独立などの国家の多様な動向には、対内的な自由主義的、国民主義的な抵抗や運動も絡んでおり、その影響はしだいに大きくなっていった。特にフランスで一八三〇年と四八年に再び勃発した七月革命と二月革命は、ヨーロッパ社会各地に波及し、民族主義的および国民主義的さらには社会主義的な様々な統一運動や革命を発生させた。また海外でもヨーロッパ諸帝政による植民地政策は、フランスの諸革命の波及やアメリカのモンロー宣言（一八二三年）などにより、新大陸への干渉が拒否され行き詰まり、結果ラテンアメリカをはじめ世界各国で独立運動が高まり、新たに多くの王国や国民国家が誕生し、ウィーン体制も余波を残しつつ崩壊していった。なお「国民国家」の出現には、直接的には民衆に「自らが国民である」ことの意識づけと想像力を高めさせた社会的知性（啓蒙思想）が関与したが、しかしそれ以上にそのバックグラウンドをなしていた資本主義経済の発達の影響は大きかった。

資本主義産業は一七・八世紀に、他のヨーロッパ諸国を抑え世界制覇の中心に躍り出たイギリスで始まった。先ずガリレオ以降ニュートンの「万有引力の法則」やハーヴェーの血液循環説などにより「科学革命」が起こり、引き続き発達した応用科学や機械工業技術が植民地主義貿易で蓄積した膨大な富や資本と、また結果もたらされた「価格革命」と結びつくことで、「産業革命」が起こった。次いで自由な経済的活動を獲得した豪商出自のブルジョワが産業資本家となり、石炭や鉄鉱石など豊富な資源と、「囲い込み」政策によって得られた豊富な労働力、また科学技術の発達による蒸気機関車やその改良による紡織機の発明、さらには原料と製品を大量に運搬しうる交通手段の開拓や製鉄法の開発を背景に、一定の工場内で生産するマニュファクチュアを成立させ、資本主義産業および生産様式の礎を築いた。そうしていち早く「世界の工場」となったイギリスは、重商主義中心から重農主義、さらにアダム＝スミスの古典派経済学を中心とした市場原理主義へと経済政策を展開させ、資本主義の発達とともに国民意識を高め、産・軍一体の富国強兵政策を打ち出していった。国民国家の富は、生産された製品を対外的な貿易を通して交換（売買）され初めて実現する。そこで産業資本家達は、これまでの東インド会社の商人達に代って、強化された軍と結託し自らが直接植民地主義貿易を遂行し、他国との強引な取引により自国の利益を上げようと画策していった。

そしてその主要なターゲットとなったのが、一七世紀中頃北方の女真族（後金）が明朝を滅ぼし建立した中国の清朝であった。一九世紀中頃イギリスの産業資本家達はすでに大量に生産可能になった綿製品をインドに売りつけインド産のアヘンを清朝に運び、清朝からは茶・絹・陶磁器を輸入するといった三角貿易を推し進めた。身体を害するアヘンの強引な持込みは当然清朝の反発を買ったが、イギリスは武力に物を言わせアヘン戦争（一八四〇年）を起し、清朝を暴力的に屈服させた。そうして一九世紀末にはイギリスは、軍事的かつ政治経済的覇権を確立し、植民地を拡大し、自治領を周縁に擁する世界の覇者大英「帝国」となった。がしかしその地位は長くは続かなかった。

資本主義経済はしだいに他の欧米諸国でも発達し、とりわけイギリスから独立した合衆国は西漸フロンティア運動により西部への開発・覇権拡大を続け、イギリスよりもはるかに広い土地と豊富な資源および労働力（移民を含め）を擁することで、大規模な産業革命および交通革命をはかり資本主義を急速に発達させていった。そして南北戦争（一八六一～五年）の勝利と西部開発の終了を皮切りに、産業資本主義をさらなる独占・金融資本主義にまで発展させ、一八九〇年代には工業生産高を、イギリスを抜いて世界第一にまで押し上げた。なお覇権拡大に基づいた西漸運動は、モンロー主義を掲げる一方で、自らは西部開発の終息を以て終わることなく、さらに南洋諸島などの海外への進〈侵〉出、支配（領有、併合、買収、保護国化など）に及んだ（パン・アメリカン主義）。

一方一九世紀末以降イギリスから遅れて、フランスで独占金融資本主義が、またドイツでも電気工業や化学工業の分野が発達し、いずれも軍を強化し海外に進〈侵〉出する国権主義的国民国家つまり膨張主義的列強となり、世界は新たに覇権争奪の帝国主義の時代を迎えることになる。なお帝国主義とは、軍事的侵略を以て野獣のごとく領土拡大を目指す点では、君主（皇帝）を頂点とする古いタイプの「帝国」の膨張主義に通底するが、すでにそこでは絶対君主は国権主義を貫くか排斥されるか、いずれにしてもヴォルテールの「君主は国家第一の僕」となった国民国家が、植民地主義と金融資本主義を背景に軍事的かつ政治経済的に支配圏（権）の拡大を目指す点では、現代特有の膨張主義と言えよう。してその典型を英・米・仏・独を中心とした当時の列強による植民地争奪とりわけ「アフリカ分割」や「太平洋（主として南洋諸島）分割」に見ることができよう。そこはまさしく列強が単独であるいは結託して領土を奪い合う「修羅の世界」である。してその結末は、国家連合（同盟や協商など）による世界レベルの敵対関係を醸成させ、二〇世紀に至り世界大戦へと突入していくことになる。

植民地帝国主義による史上初の大戦すなわち第一次世界大戦は、一九世紀以降諸民族王国の誕生したバルカン半島（ヨーロッパの火薬庫）から始まった（一九一四年）。その直接的な要因は、パン・スラブ主義とパン・ゲルマン主義の民族主義的な対立にあったが、世界への拡大は、後にイギリスとドイツの植民地分割政策[5]の敵対が絡んできたことによる。大戦は、結局独・墺中心とした同盟諸国と露・英・仏を中心とした連合国との代理戦ならぬ総力戦にまで発展した。しかし戦争の遂行は両陣営に多大な犠牲者を出し、しだいに経済的疲弊も進むなか、とりわけ敵対する各々陣営の枢軸国でもあったロシアとドイツ帝国内部で革命が勃発し、また大国アメリカの参戦もあり、大戦はしだいに終結に向かっていった。

一九世紀以降、帝国主義の時代における国民国家の支配者（政府や資本家）達は、対外的に植民地の争奪・拡大に邁進しつつ、他方対内的には反体制的な分子と闘うという二重の宿命に晒された。国家社会は人民主権の思想の定着と資本主義自体の内部矛盾（ブルジョアとプロレタリアートとの階級的矛盾）を背景に、普選要求や労働条件の改善要求などの市民運動が活発となり、さらに後者の運動が社会主義（プロレタリア）革命運動へと発展していった。なお資本主義を覆すかかる革命の必然性を説いたマルクス・エンゲルスの理念やイデオロギーは、世界各国の労働運動や社会運動に大きな影響を及ぼし、ロンドンで世界初の国際的な労働者組織・第一インターナショナルが結成され（一八六四年）、その支持によりフランスで労働者自治政権によるいわゆるパリ・コミューン（一八七一年）が誕生した。この世界初の社会主義政権は短命に終わったが、しかし後のロシア社会主義政権誕生への布石となった。

一九一七年、大戦の最中にロシアで社会主義革命が勃興し、ロシア帝国ツァーリ政府が倒され、世界初の社会主義国家（ソ連）が誕生した。ボリシェヴィキ派はいち早く一党独裁の「ソヴィエト」政権を確立し、戦時共産主義により国内の政治・経済を統制するとともに、対外的には資本主義諸国の干渉に対抗して、一九年に各国の革命勢力を結集し第三インターナショナル（コミンテルン）を設立し、世界制覇（「世界革命」）を目指した。結果世界各国に社会主義革命運動が高まり、国内共産党や社会主義国家が次々に成立していった。しかし直接ロシア革命の影響を受け、すでに資本主義の発達していたドイツでは、一八年に革命が生起し皇帝が排除されたが、純然たる共和国に留まった。ちなみにソ連同様誕生した社会主義国家のほとんどが資本主義も民主主義も未発達な国家であり、社会主義への革命的移行が資本主義の高度に発達した段階において生起するとみなしたマルクスの「定式」

は、皮肉にも彼自らの生国ドイツをはじめ、どこにも成立しなかった。ラジカルな革命の宿命をむしろ強調するような定式「プロレタリアート独裁」は、資本主義的自由や民主主義的政治の存在する国家では受容されなかったとも言えるであろう。[6]

さて大戦終結直後の一九年に、戦勝した英・仏・米などの連合国は、独・墺などの敗戦の同盟諸国との講和条約を起草し、恒久的平和を保障する新しい国際秩序を構築するためにパリ講和会議を開催した。なお会議の交渉に当たっては、当初米国大統領ウィルソンの自由、正義、人道、国際協調を尊重する精神に基づいた、秘密外交の廃止、民族自決、軍備縮小、国際連盟の設立などの宣言が重視されたが、会議で作成されたヴェルサイユ条約では宣言の理想が後退し、特に敗戦国ドイツに軍備の制限、全植民地没収、巨額の賠償金請求などが課され、民族自決を原則としつつも戦勝国の植民地主義は棚上げされるなど、一方的なものとなった。また国際協調主義に基づき設立された国際連盟も、ドイツのみならず主唱国アメリカを欠き、さらに軍事制裁の義務条項もなく、脆弱なものとなった。

それでも戦後のヴェルサイユ体制を支えた理念、すなわち建前としてではあれ掲げられた国際協調主義と民族自決主義は、その欺瞞性や限界をはらみつつも、逆接的にそれゆえにこそ、反発や抵抗に根差した民族独立運動を高め、東ヨーロッパ（ポーランド、ハンガリー、チェコ、ユーゴ、……）や中近東（トルコ、アフガン、エジプト、サウジ、イラン、イラク、……）などに様々な独立国を誕生させていった。なお国際的秩序の暗黙の了解の下で生成したこれらの独立国家は、独裁的な国家であれ民主的な国家であれ、また社会主義国家であれ資本主義国家であれ、国際社会においては「主権国家」としての役割を担っていくことになる。

ところで一九～二〇世紀の東アジアも、ヨーロッパ発の植民地帝国主義に晒されていた。日本では一七世紀以来長期に及ぶ封建的な幕藩体制をとっていた江戸幕府は、欧米列強からの開国要求などの外圧を受け、さらに近代西欧の文明と兵器を身につけた薩長を中心とした倒幕運動により革命的クーデター（後章で詳述）が起こり、崩壊に至った。一八六八年日本に新たに誕生した天皇制復古と近代西欧文明のミックスした中央集権的な国民国家明治維新政府は、何よりも列強と肩を並べるために、殖産興業・富国強兵政策を強行し軍産体制の向上と確立に努め、近代化を推進した。その勢いはとどまることなく、そうして日本自らが海外の市場や領土の獲得を目指す植民地帝国主義国家となっていった。

なお日本帝国主義の最初のターゲットとなったのが、近隣の朝鮮（李氏朝鮮）であった。当時朝鮮半島の支配をめぐり日本政府と中国清朝とが対立し、一八九四年半島に東学党の乱が発生すると両軍が介入し、日清戦争が勃発した。戦争の結果は、いまだ近代化に及ばず列強の干渉に苦しみ弱体化していた清が日本に敗北し、日本は清から遼東半島や台湾などの割譲を含め多くの権益を獲得した。さらに帝国主義的な気運を高めた日本帝国であったが、後に露・仏・独の三国干渉を受け（遼東半島の中国への返還など）、特に南進してきたロシア帝国の脅威を軽視できなくなった。そこで日本は日英同盟を締結し（一九〇二年）、露仏同盟を基盤とするロシアと対峙し、日露戦争（〇四年）を始めた。結果勝利した日本は、ロシアの脅威を退けることで、東北アジア大陸一帯の利権や領土を獲得した（関東州の租借権、満鉄の譲渡、樺太南半の割譲、韓国併合など)。

一方日本を含む列強により「分割」を余儀なくされた中国では、清朝が半植民地状態に置かれるなか、大陸の諸地域で政府打倒や民族独立の運動が高まっていった。そしてついに辛亥革命(一一年)が起こり、清朝が滅び、新たに中華民国が誕生した(一二年)[7]。

4. 主権国家の確立とグローバル資本主義社会

一九世紀後半から二〇世紀前半にかけて、特に一九二〇年代のアメリカ合衆国に急速に資本主義が発達し、大企業の台頭、独占化、膨大な設備投資による大規模な生産革命が起こり、さらに雇用労働者の増加・長時間労働により大量生産が可能となり、未曾有の経済繁栄がもたらされた。しかし間もなく大量の工業生産量に労働者の購買力が追いつかなくなり、消費量の低迷により相対的過剰生産となり、結果一九二九年ニューヨークの株価が大暴落し、銀行・工場の閉鎖、投資金の引き揚げ、失業者の大量発生により大恐慌に見舞われた。恐慌はアメリカ一国に留まらず他国にも波及し、世界は経済的パニックに陥った。資本主義生産につきまとう供給過剰、デフレ、企業・銀行破綻、失業者増大、さらに公害の発生など、いかなる資本主義国も深刻な恐慌や環境問題からは自由ではなかった。ただし当時ソ連の社会主義経済はこの世界恐慌の影響を受けなかった。それは、計画経済による生産力に限界があったが、政府が合理的な規制により経済を都合よくコントロールできたからだ。そこでアメリカ合衆国は、ニューディール政策によってこの社会主義的な方法を導入し、独占禁止、労資協調、福祉政策など、国家的規制や扶助を行い、自らの危機を乗り越えていった。

しかしこのような方法で世界恐慌に対応できたのは、アメリカ以外ではブロック経済の保護政策を行ったイギリスなど、戦勝国の中でも高度に発達した資本主義国だけであり、敗戦国で巨額の賠償金を要求されていたドイツをはじめ、未だ経済基盤の弱かったイタリアや日本では、経済的な危機や低迷は避けられず、結果ファシズムの台頭を許すことにもなった。特に経済的不安が最も高まっていたドイツで、ヒトラーを党首とするナチス（国家社会主義ドイツ労働者党）が国民の窮状からの救済を掲げ、議会で他党をはるかに引き離し第一党になった（三二年）。彼は自ら首相になると、様々な策謀を凝らし他党を排除し、民主的なヴァイマル憲法の隙[8]を突き帝政を復活させ（三四年）、ナチス党独裁のファシズム体制を築いていった。

　政権を掌握したナチスヒトラーは一大帝国となるべく大なる野望の下に再び軍備拡大し、他国の侵略・領土拡大へと突き進んでいった。オーストリアの併合（三八年）、チェコスロバキアの解体そしてポーランドへの侵攻（三九年）と。しかしポーランド侵攻に及ぶと、これに対抗して英・仏が宣戦し、そしてついに死者五〇〇〇万人を超える史上最大の惨劇、第二次世界大戦が勃興した（三九年）。なおポーランドを植民地主義的な侵略・支配の対象としてのみとらえる独・ソと、あくまでも当国の主権的な自治を保障しようとする英・仏との政策的かつイデオロギー的な対立は、所詮帝国主義列強の対立にすぎなかったが、しかしそれでも覇権主義的全体主義陣営と民主主義陣営の対立という、当初の大戦のイメージを印象づけるものとなった。とりわけドイツのナチス党ヒトラーとソ連の共産党スターリンの両独裁者による、独ソ不可侵条約締結（三九年）に基づくポーランドの侵略・分割は、ナチスのユダヤ人大虐殺やスターリンによる対「異分子」大粛清とともに、国家社会主義政党の専制的かつ覇権的な残虐体質を一層濃厚にした。

一方東アジアでは、一九一五年連合国側に立ち第一次世界大戦に参戦した日本は、中国のドイツ租借地青島を占領し、中華民国政府に、山東省の権益譲渡のみならず、中国全土にわたる広範な権益要求を含む二一か条要求を受諾させた。結果中国で反日・反帝の五・四民族運動（一九年）が発生し拡大していったが、大戦勝利国となり世界の軍事的プレゼンスを増した日本帝国は太平洋分割に加わりマリアナ・南洋諸島を統治（委任）していく（二〇年）と同時に、関東軍の謀略によって満州事変を起し（三一年）、満州国の独立支配に及んだ。一方国内的には五・一五事件（三二年）や二・二六事件（三五年）など軍事クーデターにより軍部や右翼勢力が政権を掌握しようと画策した。いずれの画策も失敗に終わったが、しかし軍国主義の動向に突き動かされた政府は、国際的な軍縮や平和外交を斥け、満州国からの日本軍の撤退を求めた国際連盟を脱退し（三三年）、さらに華北を窺い北京を脅かし、ついには対中全面戦争へと突入し（三七年）、南京大虐殺に極まる野蛮な侵略戦争へと突き進んでいった。

日本政府はなおも、「国際的に孤立している」という状況判断も自覚もないままに、まさに独善的に「大東亜共栄圏」の構想[9]を唱え（四〇年）、「民族解放軍」という美名の下で中国大陸を進撃し、さらに中国を越えて南進し東南アジアのアメリカ・フランス・オランダ領をも脅かすまでになっていった。しかしこの無謀とも言える帝国主義的な覇権戦略は、大国アメリカによる通商条約の破棄、石油禁輸、資産凍結など（三九〜四一年）の手痛いしっぺ返しを受け、さらにオランダ領東南アジアからの石油禁輸や中国の国共合作（三六年）以降の抗日戦線にも阻まれ、日本軍はまさに四面楚歌・八方塞がりの、「万事休す」の状態に追い込まれていった。してこの敵の包囲網から脱するためにとった日本政府の選択は、日・独・伊の三国軍事同盟を締結し（四〇年）、米国真珠湾を奇襲攻撃する（四一年）という最悪のものであった。

こうして日米の間で始まった太平洋戦争は、実質的に両国を第二次大戦に参戦させ、大戦を名実ともに世界大戦とした。一方すでに大戦の先端を切ったドイツは、次々と周辺国を占領し、ついにはフランスをも降伏させ（四〇年）、同様にファシズム体制をとっていたイタリアや日本と同盟を結び、緒戦を優勢に展開した。……しかし物質や情報の面で勝る英・米中心の連合国はしだいに戦局を有利に展開し、結局四三年にイタリアが降伏し、四五年にはドイツが、寝返ったソ連軍を加え軍事力を増した連合軍の侵攻により無条件降伏した。また日本も四五年、米国に広島・長崎に原爆を投下され、さらにソ連の参戦敵対もあり、やむなくポツダム宣言を受諾し無条件降伏に至った。

第一次大戦の規模をはるかに凌ぐ、言語を絶する第二次世界大戦に世界の人々は大きな衝撃を受け、新たに深い反省と世界平和への願いを込めて、より強固な国際協調体制の構築を待望した。しかし第一次大戦後の国際体制と同様に、結局戦後の処理や改革・再編は戦勝国（連合国）に依拠し、特に敗戦国に対する戦争指導者の処分や占領政策には多くの矛盾や偏向を伴った。おおむね米・英の民主主義と帝国主義の交錯する諸国家の折衷や妥協による戦略的な対応となったが、それでも平和維持構想に基づく大西洋憲章を前身とした国際連合憲章（四五年調印）と、不備不完全な国際連盟に代り一国一票制や軍事的制裁が盛り込まれ発足された国際連合は、民主的で強固な国際政治の確立を想像させた。また経済的にも、大戦勃興の経済的要因をなした世界恐慌の防備のためのブレトン＝ウッズ体制（四四年〜）の確立、世界連合の外郭機関として、独占禁止、労資協調、福祉政策、国際的開発・援助などを勧めるIMF、世界銀行、国際復興開発銀行の設立、さらに国際労働立法を促進するための国際労働機関（ILO）の設立や世界労働組合連盟の結成など戦後の国際的な努力と成果は、紆余曲折しながらも主権国家の概念や労働者の地位を確立させ、国家間の戦争をも抑止することになった。

しかし、推進の主体が政治体制の異なる連合国であったため、国際的な協調体制も長くは続かなかった。とりわけドイツの東西分裂（四九年）に始まる米・ソを中心とした資本（自由）主義陣営と社会主義陣営のイデオロギー的、軍事的対立（NATO対ワルシャワ条約）は、核装備の下で新たな覇権争奪の第三次世界大戦を予兆させる「冷戦」を発生させ、人類滅亡の危機感さえも募らせた。加えて中国の共産党政権の誕生（五〇年）は、世界の二極化に拍車がかかり、両極間の軍拡競争が激しさを増すなか、朝鮮戦争（五〇〜二三年）やキューバ危機（六二年）、ヴェトナム戦争（六五〜七五年）と、中ソと欧米との間の代理戦争さながら二〇世紀後半に及ぶ長きにわたり、第三次世界大戦勃発への恐怖を駆り立て、世界を震撼させてきたのである。

戦後国連憲章に基づく国際体制の下で、列強の植民地であった東南アジアやアフリカの諸国家において民族主義運動が高まり、次々と独立国家が誕生していったが、しかし独立後の諸国家においてなおも冷戦構造の敵対関係がそのまま持ち込まれ、さらに民族主義や宗教も絡み、紛争や混乱は止むことはなかった。そのようななか四九年に立憲共和国となったインドのネール首相は、いずれの陣営にも属さない第三勢力の立場をとり、非同盟政策を積極的に展開した。特に五四年に中国の周恩来との間に、国家間の関係の基礎をなす平和五原則（①領土と主権の尊重、②相互不可侵、③内政不干渉、④平等互恵、⑤平和共存）を発表し、この原則が国家間の原則となり、以後「主権国家」という概念が国際関係の基本理念として定着していった。この原則に従い、翌年のアジア＝アフリカ（ＡＡ）会議では、反帝国主義、反植民地主義、全面軍縮などが謳われ、さらに六一年以降も非同盟諸国会議が数次にわたって開催され、アフリカ統一機構（ＯＡＵ）憲章の調印（六三年）や東南アジア諸国連合（ＡＳＥＡＮ）の結成（六九年）などへと発展していった。だが「主権国家」が、独裁的な「国家主権」の隠れ蓑ともなり、結果社会主義国家や第三勢力内部の軍政国家の専制が放置され、それ以上の世界政治の進展は見られなかった。

ところが七〇年代に入り、しだいに社会主義陣営の軋みが顕著となり、世界は再び動き出す。社会主義諸国自体が帝政類似の世襲制や一党独裁制をまた対外的には覇権主義を強め、中ソ国境紛争（六九年）が示すように社会主義国家同士の衝突も見られるようになった。他方統制的な経済ゆえの生産力の停滞が日常化するなかで、七七年に中国で鄧小平中心に近代化が推進され、市場の開放が目指された。また八五年には社会主義陣営の中心にあったソ連でゴルバチョフ主導の民主化改革（ペレストロイカ）が遂行され、情報開示（グラスノスチ）と市場原理の導入が目指された。そしてこの改革を皮切りに、八九年に「ベルリンの壁」の崩壊やポーランドでの「連帯」（ワレサ）の勝利など東欧の民主化革命が続き、さらに九一年にソ連自体が崩壊すると、ついに冷戦体制の終わりを告げた。中国のように社会主義経済を脱し、グローバルな資本主義自由市場経済に身を寄せつつ、なおも共産党独裁政治に執着する国家も見られたが、いずれにせよ社会主義諸国家の崩壊や変質は、資本主義陣営の「勝利」を示すことになり、それは同時にその中心にあった超大国アメリカの軍事的かつ経済的な世界制覇達成をも意味した。

アメリカの資本主義経済の繁栄のピークは、九〇年代から二一世紀初頭にかけての、軍事技術の民間転用に基づく、シリコン・バレー出自のIT（情報技術）革命によってもたらされた。インテルやマイクロソフトなどのIT関連企業がアメリカ経済をけん引し、八〇年代に生じた財政赤字をも縮小させた。しかしIT革命が世界を席巻し情報技術が世界各国に波及すると、しだいに経済的に統合した欧州連合：EU（九三年）や市場を開放した中国、朝鮮戦争の特需を契機に高度経済成長を遂げた日本、工業化に尽力し地域経済協力を進めるASEAN諸国、さらには石油などの資源ナショナリズムに基づき繁栄した中東イスラムが台頭し、アメリカ一極支配に陰りを見せ始める。

二〇世紀後半から二一世紀の現代に至り、世界の多極化（なお最近のネオ・「冷戦」化については後章で論考）とともに高度に情報化された資本主義世界は、なおもナショナリズムとグローバリズムを強め、温暖化、核戦争、パンデミック、テロなどの脅威とともに、難民や格差、差別、抑圧、搾取の問題を発生させている。なかでも二一世紀初頭のイスラム過激派集団アルカイダ（タリバン支持）による九・一一同時多発テロ事件（二〇〇一年）は衝撃的であった。この対米航空機乗っ取りと自爆テロの大規模組織的な「聖戦」は、イコールたんなる無差別テロではなかった。攻撃のターゲットは、あくまでも現代ヨーロッパ文明の頂点に立つアメリカの軍事力と金融経済力の象徴、すなわち国家の軍産体制の要衝であったペンタゴンとマンハッタンに向けられた。それは、ある意味十字軍遠征以来の積年の恨みの爆発とも解せられようか。

いずれにせよアメリカの二一世紀の長い「テロとの戦争」は、九・一一を境に始まった。してその発端となったのが、二〇〇三年の米軍によるイラク侵攻[10]である。今日にも及ぶ米軍の中東でのイスラム過激派集団との戦闘は、フセイン政権の打倒以降も、九・一一事件に関わったアルカイダ・タリバンの掃討のみならず、グローバルテロを展開していた「イスラム国[11]」やシリアの独裁政権との闘いにも向けられた。そしてアメリカのこの闘いが契機となり、独裁政権や過激派集団による「中東の闇」に対し闘う、東欧の「プラハの春」類似の「アラブの春」（大規模反政府民主化運動）が生起し、一時期（二〇一〇～一二年）中東の一筋の「光」となった。しかし国内の民族的・宗派的な対立の発生やとりわけシリアでの反政府民主化勢力を支持する米軍に対抗し、ロシア軍がサダト独裁政権に加担するなど、現在なおも中東は閉塞した状態に置かれている。

中東に限らず現代世界は、主権国家の確立と国家主権の独裁化の動向に、高度科学・情報技術と結びついた金融資本主義の暴走や宗教的な対立が絡み合い混沌とした状況にある。してこの状況からの脱却には、したがって先ず何よりも「主権」の絡む現代版・国家の論理の、続く爛熟した現代版・資本の論理の解明が要請されねばならない。

（注）

1．いずれの世界史もキリスト教の「創造説」や「神秘」を否定する、公共的な世界史に相応しいリアル性を有している。なお文化史的世界史としては、コンドルセ（1743～94）の、自然の体系の一員としての人間が、精神的かつ理性的に進歩していくとする、なおかつヨーロッパ人の「蛮行」「簒奪」を批判する（ただし植民地主義を肯定）世界史が、また唯物史観的世界史としては、マルクス（1818～83）の、経済をベースとした社会構成体を以て歴史を発展的に読み解く（奴隷制→農奴制→賃労働制→社会主義生産制）世界史が重要である。各々卓越した世界観であるが、しかしいずれも西欧中心の進歩史観であることと、国家の存在論的観点が軽視されている点に難点が見られる。

2．第一回三頭政治は、ポンペイウス、カエサル、クラッススにより、第二回三頭政治は、アントニウス、レピドゥス、オクタヴィアヌスにより行われた。なおアントニウスを倒したオクタヴィアヌスが自ら元首となりローマ帝政を確立した。

3．カースト制度は、バラモン（僧侶階級）を最上位とする宗教的・職業的身分制度であり、続く階級には、クシャトリヤ（政治・軍事を司る貴族や武士階級）、ヴァイシャ（農・工・商に従事する庶民階級）、シュードラ（原住民や被征服民などの奴隷階級）があり、さらにカーストに属さない最下層の賤民としてパリア（不可触賤民）が存在した。ブッダは人間一切平等を説き、カースト制度を否定したが、その廃止はインド連邦により民主的な憲法の制定された一九四九年である。この長期にわたりインド社会の発展を阻んできたカースト制度とは、まさに神と野蛮の合作した国家の宿命性や強靭性を物語るものと言えよう。

4．ちなみにグロティウスは人間の戦争への衝動を認容し、その処理の智慧は「自然法」によって守られていると考えた。しかし西尾幹二も指摘するように（『国民の歴史』四五八頁）、このような彼の理解にはキリスト教者間以外の、対異教徒には当てはまらない二面性があった。

5．主として英国による3C策と独国による3B策を指す。

6．ロシア革命にしても、ソヴィエト政権が専制国家ツァーリズムを排除したことは評価に値するが、当時パンネクークやローザ＝ルクセンブルクも批判したように、レーニン主導のボリシェヴィキ派が憲法制定議会を圧殺し、複数政党による民主的な議会の在り方を否定したことは、まさに反動的専制政治の「継承」でしかなかった。

7. 正式な中華民国の成立ではあったが、そこには最高権力を獲得するために、清朝と孫文を中心とした革命軍との間を「駆け引き」する北洋軍閥袁世凱の策謀があった。結果大総統の地位を手にした袁世凱であったが、案の定独裁的専制政治を行うに及び、革命派の反対運動によって失脚を余儀なくされた。清教徒革命のクロムウェルの行状に類する事例と言えるであろう。

8. ヴァイマル憲法は、革命により共和政となったドイツの国民議会によって制定され（一九一九年）、国民主権、普選（二〇歳以上の男女による）、大統領制（国民の直接投票による）、国会権限の強化、労働者の利益擁護（団結権、団体交渉権、評議会の設置による）など、史上最も民主的な憲法としてみなされた。しかし大統領に非常権限の行使を認め（第四八条）、独裁政治への隙をも与えていた。

9. 一九三八年に近衛内閣が東アジアの欧米優位の旧秩序を否定し、日本・満州・中国の三国提携による「東亜新秩序」声明を発し、その理念が四〇年に新たに「大東亜共栄圏」として唱えられた。それはしかし東アジア民衆の相互対等な提携による「解放」を意味するのではなく、あくまでも日本帝国のアジア侵略覇権による政治・経済・軍事ブロックの形成を正当化するものでしかなかった。

10. 当時アメリカのブッシュ政権が、イラク国内の大量破壊兵器の製造阻止を最大の理由にして、それにフセイン・バース党の独裁政治の打倒という大義名分をも付け足し、しかし秘かに石油利権の獲得のために、イラクに侵攻した。結果しかし大量破壊兵器が発見されず、イラクの社会は「民主化」どころか混乱を極め、アメリカの空爆によって多くの民間人が犠牲になった。にもかかわらず米軍による所業の一切はすべて誤爆や不可避の結果とみなされ、ブッシュをはじめ誰も公正な罰を受けることはなかった。

11. 自称「イスラム国（ＩＳ）」は、一九九九年に設立され、イラクとシリアに跨り独自の国家的な拠点を築き、同時に世界各国内でテロ行為を頻発させ、世界を恐怖に陥れてきた。まさに野蛮と神の結託した「教条」「粛清」「虐殺」の吹き荒れる、時代錯誤の恐怖の覇権組織でしかなかった。一時期二〇二一年に消滅したとみなされていたが、最近復活の兆しを見せている。

第三章　国家と資本の論理を超えて

古来通有の国家の野蛮性に対し、その克服やコントロールの人為的な可能性を合理的かつ民主的に問うたのは、ヨーロッパ近代の社会的知性であった。それは、人が互いに人格を認め合うように、国家が国家として他の国家の存在権すなわち主権国家としての国家主権を認めることから始まった。当初そこにはしたがって、他者への尊重により国家の対内的な専制と対外的な覇権という両方向的な野蛮性に対する二重の牽制があった。だが国家主権を掌握した独裁的な支配権力者達にとって、「主権国家」は国民統制のための口実および覇権国家を目指すための「隠れ蓑」となった。こうして近代以降もなお独裁的専制「国家主権」が軍隊と結託し、野蛮な「政治」を内外に推進してきた。

一方近代の自然科学技術の発達により資本主義経済を発達させ、さらに政治力をも手にした市民は、社会的知性をも身につけ、野蛮な国権政治に対抗し民主的な分権政治により「国民（主権）国家」を生成させようとしてきた。しかしそもそも資本主義は野蛮な帝国主義的植民地主義をバックに発達し、市民運動による民主化もせめて独裁政権を懐柔するだけでブルジョワ民主主義止まりとなり、それ以上の展開は、今日のネオ・国家主義者達も揶揄する「行き過ぎた民主化」となった。

しかしそもそも民主化の理念には「行き過ぎ」はない。そこでは、「国家主権」が専制や覇権に結びつく現代版：国家の論理の、また資本主義経済が搾取、物化、格差拡大、貧困、賭博、詐欺などに結びつく現代版：資本の論理の構造的な属性や壁は、むしろ超えていくあるいは克服していく民主化の対象でしかないのだ。

1．国家論について

わたしはかつて拙書『新・世界史の哲学』第二部[1]で、国家および国家の概念に関わる主権や人権について哲学的に論考し述べた。あれから二〇数年の歳月を経て、グローバリズムとナショナリズムの交錯する世界の構図はそれほど大きく変わってはいないが、しかし独裁的な核大国を中心とした主権国家の国権増大と覇権拡大により、その及ぼす弊害やリスクは当時よりも数段高まっている。

アップデイトされる現在のわたしの国家論は、世界状況の変化や自らの思考の深化により、当時の知見を超え、より多次元的で有機的かつ総合的な理解へとステップアップされている。しかし基本的な認識や理解についてはそれほど大きくは変わっていない。そこで論考の重複を避けるために前掲書の抜粋や参照により、同時に前章の「国家の世界史」を踏まえ、改めて歴史上の国家に関する諸言説に自他の新解釈を交え、現代版：国家論にアプローチしていきたい。

二一世紀までの国家論の主流は、革命的な国家論にあった。してその定説は、主権国家および国民国家の「乗り越え」を、国家を「共同体としての国家」と「支配のための国家」とに分け、両国家の論理の克服および超出によって果たされるというもの。しかし時代はすでにそのような言説の通用しない、すなわち支配層の拡散し複相化した社会を迎え、理論的なフォーカスはもっぱら前者の「共同体としての国家」にのみ向けられるようになった。なお国家と「共同体」の関係については、前掲書でわたしは、「個別の身体を重層的に席巻する「共同体」について、その課題性および強靭性という点から考えるならば、とり分け「国家即共同体」は最大のインパクトをもつ。現代社会にあって、国家は、諸々の「共同体」を集約し、統轄する、フレキシブルにして強靭な、最大級にドミナント化された『共同体』なのである」（一二五頁）と述べている。

すなわち国家とは、習俗的身体的観念に支えられた、端的にある特定の、集約された、ゆえに強靭なる社会的『共同体』であるという理解である。したがって「国家の世界史」で幾度となく見たような、「復古」や「妥協」に帰結した革命の「失敗」は、この『共同体』の強靭性が見落とされ、「支配のための国家」にのみ照準が合わせられ遂行された結果でもあった。なお「共同体としての国家」については、近代啓蒙思想の生成する以前の、古代ヨーロッパにおいてすでに言及されていた（前掲書：一二六～三五頁参照）。

古代ギリシャの国家は小さな都市国家であり、いずれ消滅するか「世界帝国」へと発展するかの「原国家」細胞であり、その国家説もプラトンやアリストテレスの身分社会をベースにした「哲学君主」説のような貴族的、観念的、人格的かつ道徳的な解釈によるものであった。それでもそこには、萌芽的ではあったが、民主的な政治システムの採用や、国家機関（政府）を立法、行政、司法の主権者ととらえるなどの分権的な考えも見られた。さらにこの原国家の拡大されたヘレニズム・ローマの

「世界帝国」の時代では、「世界市民」としての自然法や契約説が語られた。当時の思想家達は基本「国家」を物質および「火気的な活きた物質」としてとらえ、社会的には「法律的絆」によって結合した共同体と理解した。また政府を国家と区別し主権者なる人民の代理機関として理解した。そこでは近代の主権国家や人民主権概念の先取りのような、したがって近代啓蒙思想の萌芽と、さらに「近代」を超える国家概念さえも認められた。

とはいえ古代では、以上の近代類似の「他者」への配慮やとの関係言説は、むしろ国家の威力を弱体化させるものとしてしだいに斥けられ、反対に覇権帝国への野獣的欲望が「勇気」や「正義」として讃えられ、身分的、貴族的および道徳的な言説のみが継承された。古典的な「帝国」の時代とはまさに、君主を絶対とみなす専制国家が、他国の侵略制覇により領土拡大を目指す、野獣と神および道徳との合作した国家の時代であり、それはヨーロッパではキリスト教世界における教皇絶対の中世から、王権神授説の象徴する皇帝絶対の近世へと受け継がれていった。なお中央集権的な体制をとっていた古代中国においても、諸子百家達によって身分制社会を支える国家道徳（儒家）や兵法（兵家）が説かれ、神ならぬ道徳と絶対君主との一体化した中華秩序体制が、古代から近世へと継承されていった。

一六世紀以降の近代ヨーロッパにおいて、都市の発達、絶対神権の弱体化、封建諸侯の没落、市民階級の勃興により、その保護と支配のために王家の正統性を主張する君主が台頭し、自らが中心になり強力な常備軍と官僚制の下中央集権的な絶対主義国家を形成していった。ホッブズの、市民（国民）間の獣的争いを制御するための、人民の「主権（自然権）」を委託された国家主権と絶対君主による「国家権力」すなわち『リヴァイアサン』は、このような当時の絶対主義国家を、近代社会的知性に基づき『王権神授説』ならぬ「社会契約説」を以て合理的に説明し追認した。この彼の唯物的解釈論は、現実をリアルにとらえる点ですぐれていたが、結局不等（当）な「契約」を以て絶対王政を擁護し、古代からの野蛮な「帝国」を変えることはできなかった。しかし彼の見落した、当時すでに萌芽しつつあった「市民階級の勃興」というもう一つの「現実」に目を向けたロックやルソー達は、社会契約説を君主主権ならぬ人民主権を軸に「公正」に考察し、歴史上初めて人為を以て野蛮な「帝国」から脱却させ、国民国家形成に重要な役割を果たした。

とはいえ人民主権に根差した国民国家もまた、国家主権に依拠（一般意志：共同防衛・愛国心）していた点では変わりはなかった。結果一九世紀末に人民の名の下での独裁的「国家主権」の専制により帝国主義国家の台頭を招き、野蛮な世界大戦へと突入していった。この新たな帝国主義は、前章でも述べたが、古代・中世の帝王的な覇権意識や野望に根差した「帝国」の覇権主義とは質的に異なるナショナルなインセンティヴ、すなわち方法としての「想像された共同体[2]」内部の共同意識や友愛感情の「火・気」的燃焼を伴っていたが、しかし植民地主義に基づいた支配拡大に及ぶ野獣「帝国」であることには変わりはなかった。なお山下範久は、当時の君主主権の「ヨーロッパ規模の帝国秩序を伝統として継承しまた理念として想像する」絶対王政国家を「近世帝国」とみなし、また国民国家をもって新「近世帝国」、さらにその延長線上に国民国家を変質させかつ衰退させたポスト近世国家すなわち資本主義と人権思想のグローバル化した現代社会を、現代版「帝国」（ネグリ・ハート）とみなした。[3]

ちなみに現代版「帝国」とは、国民国家において見られた包摂と排除の区別が解体され、権力と反権力は中心なきネットワーク状となり、国家主権と人民主権の区別も不明瞭化し飽和化してしまう、まさに超越性なき「自然」な秩序、すなわち差異の流通する「市場」を調整する外部なき「帝国」である、とみなされている。とすれば「帝国」とは結局「世界市場」にほかならず、その本来の意味から逸脱してしまう。わたしがこれまで近現代の人為的な「国家」を強靭にしてフレキシブルな消滅しがたい特性を有する存在とみなしてきたように、また柄谷行人も、国民国家は商品交換の原理とは別でありけっして消滅しないと言っているように[4]、「帝国」とは一貫してそのような国家の論理の属性たる国権性と覇権性の発展としてのみとらえるべきと思われる。

安易な「帝国」論は、無政府主義あるいは全体主義との判別を曇らせあるいは無効にさせ、現代社会を非常に危険な状況へとシフトさせていく恐れがあることを自覚しておくべきであろう。確かに現代の国家は、主権国家の確立により「帝国」としての特性を抑止されてはいる。しかし「世界機関」や「世界市場」を支配する大国は、各々が対内的に「国家主権」を支配し国権を強め、対外的には最大の経済力と軍事力（殺戮装置たる核兵器）を以てお互いが世界を支配しようとしている。つまりこのような「主権国家」をバネ（口実や隠れ蓑）として覇権を目指す「世界権力」こそが、まさに現代版「帝国」なのだ。

カントは、国家を「道徳的人格」とみなし[5]、神権としての国家と方法としての国家の両面から考えた。つまり彼は、神権の移譲された国家をアプリオリな絶対的な法的当為の要請として、また神聖国家と人民主権との契約関係を努力すべき普遍的な目的原理ととらえ、主権者たる人民が道徳的実践理性の下で神聖国家を守る、と同時に国際的な平和や人権の擁護のために常備軍を漸次撤廃し、国家を超える「世界政府」との契約関係を設けるべきと考えた。そこではロックやルソーの「国家主権」前提の契約説の限界を突破する、国家を超える機関への主権委譲により自らが主権国家として国際平和を守るべき方法、すなわち国際的な機関や組織を媒介にした、国民国家を超える理想的な「世界社会（世界共和国）」が展望された。[6]

だが各々の主権国家の国権を抑制するほどの「世界共和国」の誕生は、人民主権が国家主権に制約されているかぎり夢想的な「普遍」でしかない。事実カントの国家の両義的了解に基づいた道徳意志（人格）が、ヘーゲルに至って民族的世界精神へと一元化され、国家はもっぱら市民社会が上昇しなければならない最高の価値を有する神聖なる法的存在となった。ヘーゲルも当初は市民社会を調整する「方法としての国家」観を認容していたが、しだいに人民主権が神聖なる国家主権に従属することを称揚するようになり、結果人民主権の国民国家が神聖帝国主義国家へと変質し、ドイツ・ナショナリズムやファシズムの出現を招来することになった。ちなみに戦前・戦中日本の皇国史観も同様の神性（聖）国家観に立っていた。戦後はこのような神聖帝国主義的な国家観は衰退していったが、ヘーゲルの人民主権を包摂する神的国家観は、今なお現代日本における保守的イデオローグ達のモチベーションとなっている。

マルクスはヘーゲルの観念的神聖国家論を転倒させ、国家を暴力的かつイデオロギー的階級支配装置・権力機関として唯物的にとらえ、「革命」を以て打倒・転覆すべき対象とみなした。革命の主体はしたがって被支配者階級にして国家を超える「プロレタリアート」となり、かれらは支配階級の打倒とともにいずれ「国家の死滅」を導く使命を帯びる。だがこの「国家死滅」の予期論は、マルクスの「国家」に対する甘い読みが招いた幻想にすぎなかった。事実それは、社会主義革命を「成功」に導き「国家主権」を掌握した「プロレタリア独裁政権」が、分権的民主主義をブルジョワ階級の産物として軽視し、自らが打倒の対象とした旧政権類似の中央集権的で強権的な国家を誕生させたのに対し、資本主義国家は社会的階級的矛盾を分権と福祉重視の民主主義システムにより緩和させ、国権の暴走を効果的に抑制し、より自由な社会を築いたという、まさに二重のアイロニーの現実が物語っている。

とはいえ現代の資本主義国家において支配と被支配の関係が消滅したわけではない。国家が現代的な変質および発展を遂げたにすぎないのだ。すなわち今日のグローバル化した高度資本主義国家社会にあっては、「階級」自体が拡散、変質、飽和化し、自ずとその支配形態にも大きな変化が見られる、にすぎない。参考までに前掲書（「国家における階級支配」）で論考した、以上の国家社会の変質に関する箇所を抜粋しておこう。

独占資本主義国家においては、……「社会」主義国家に見られる張りつめた、強固ではあるが脆い権力の構図ではなく、階級ブロックが重層化され、分散化され、さらに統合化された強力な権力構造が見られる。かつての労働者と資本家といった明確な階級的二項対立は過去のものとなり、帝国主義的かつ軍国主義的突出が減退するなか、ますますドミナント化されてきた独占、金融資本、すなわち大企業・大銀行によるビッグビジネスが、反権力でもあった労働組合組織を呑み込み、生産―流通―消費―再生産システムの全過程を掌握し、自由と民主の許容量に比しての、様々な、数多の階級ブロックを形成し支配することになった。してこの許容量の大きさこそが、市民社会の自立性と世界性を維持させ、……新たな権力関係を創出している」（二六四頁の要約）

資本主義および資本の論理については後に詳述するが、資本主義のグローバル化や高度化が一市民を労働者・生産者であると同時に有力な消費者さらに資本家（ネットでの投資や投資信託）にさせ、また現代企業社会内では管理者であると同時に被管理者である（特に官僚的会社システムにおいて）ように、「階級」関係が上下横縦の網目のごとく錯綜しかつ飽和化している。しかし実際のところ、そのような階級の拡散・ブロック化による錯綜・飽和化は、支配と被支配との階級的関係を隠蔽しあるいは不可視化しているだけで、結果共同体の幻想性を一層深めている、とも言えるであろう。

さて「国家」とは、社会的にはある特定のまた自然発生的な「共同体」であると同時に「階級支配装置・暴力機関」であり、また存在論的には観念的、想像的、あるいは幻想的存在であると同時に唯物的・物象的存在でもあり、さらに価値的には「道徳的人格」や「神聖なる存在」として「最高善」であるかのようで、反対に戦争の原因となる「悪」の象徴か「必要悪」でもあるという、いずれにしてもそこには相反するあるいは類似の多様な解釈が成立しうる。とはいえ各々の解釈を多義的および両義的に理解するだけでは、また短絡的に折衷すなわち相反する観点や解釈を何の脈絡も一貫性もないままに結びつけるだけでは、「公」的な国家の実像は見えてこない。

重要なポイントは、矛盾や二律背反的な解釈の基にあるデカルトの精神と物質の二元的合理論を超え、「国家」を非固有的固有なる一元的な唯物的自覚をベースに、身体的かつ社会的な存在としてとらえていくことにある。ちなみにその典型的な国家論としてドゥルーズとガタリの、国家を「欲望する社会機械」としてとらえる新解釈がある。「《国家》は、……主人の出現によって完全に武装して一挙に出現するのである。……これが、起源としての《原国家》であり、あらゆる《国家》がそれたらんと願い欲している永遠のモデルである」[7]、「こうした支配階級は、その権力を守り、その矛盾を解消するために、また自分たちと被支配階級との葛藤を解決し、その間に妥協を実現するために、《国家》がかれらに奉仕することを《国家》に委嘱するのだ」[8]。したがって超越的な帝国機械は、専制君主やその装置でもある《原国家》の充実身体の上の種々の流れを超コード化し、現代の資本主義機械は、〈貨幣 - 身体〉の充実身体の種々なる流れを調整するために脱コード化するが、同時にその内在性の奥底に超越的なる《原国家》を再生産する、とみなす。[9]

以上の知見をも踏まえて、改めて国家の概念に言及するならば、国家とは国権（覇権や支配）および共同体として、対外的には領土・領空・領海、また対内的には法的機関・社会的機械……を以て画定され装置化された唯物的実体的存在であり、「帝国」化と全体主義化による超コード化はその属性的発展形態としてみなされる。この認識と自覚が国家の実在的かつ公共的な理解の大前提としてある。

とはいえ同時に、主人とともに立ち現れる「原国家」以来、「人‐間」がそうであるように、国家とは間‐国家的人称的存在であり、観念や人格や主体、さらに想像や幻想などのまとわりつく、まさに固有にして非固有なる、非存在的存在でもある。とすれば現代版：国家論は、従来の近代ヨーロッパ的知性にのみ依拠するのではなく、東洋的智性とともにシフトアップされた高次の観点から、更新され再解釈されなければならない。

わたしは近年「国家」を唯物的空なる「気‐体」と言語化し概念化した[10]。そこでは、国家をつかみどころがないが確実に、絶対矛盾的自己同一的にかつ中心と周縁の物理的、身体的かつ社会的な様態を以て統合を目指す、まさに柔軟にして強靭なるゲシュタルトであると理解し述べた。つまり「国家」とは、神聖な道徳的人格でもたんなる欲望する機械でもなく、また絶対善や絶対悪を有する価値的存在でもない。しかし身体的かつ社会的にはなお人称的であり、「契約」に絡む権利と義務の主体として資格や責任を負った「法人」という概念や表現を以て見立てることはできる。なおその点について、高橋哲哉が、広島、長崎の原爆死没者を「尊い犠牲」だというのは、国家の論理であるだけでなく、国家の法の論理であり、法のレトリックであると批判し、なおも国家の法人としての戦争責任を根源的に問うたことは、評価されるべきアプローチと言えよう[11]。

2．自治意識と国家主義

我々は日頃「地方自治」という言葉をよく耳にする。しかし「中央自治」や「国家自治」という言葉は余り聞かない。国家の場合、「自治」は、代りに「主権国家」や「国家主権」を以て表現される。

「主権」には「自治（権）」の意味が込められているからだ。いずれにせよ国民国家において各々地方の区や市に境界があり、いずれも独自の行政、立法、司法を有し「自治」を行っているように、その写し鏡でもある当の国家に国境が有り、同様の分権機関に基づき「自治」が行われている。とはいえ両者には大きな違いがある。それは何よりも「統合」と「境界」の強度の差異である。

地方自治体では各々地方政府や警察が存在するが、特別なことがない限り住民は自治体に統率（統合）されることはない。また各々地方の間の境界も便宜的なものでしかなくお互い自由に往来できる。しかし「国家」の行政政府は、「国家主権」として各々地方自治体を重層的に統合し、さらに全国民を統括するために公安警察や機動隊を配備し、他方「主権国家」として国家（国民）を他国から守るために地・海・空の周囲に境界線を画定（確定）し、越境の監視・チェックとして保安警備隊や軍隊の配備、出入管理局などの物理的かつ法的バリヤーの整備、関税、渡航証明書〈査証：ビザ〉など人や物に対する厳しい検閲や検疫をかける。してその侵犯は逮捕、撃墜、撃沈の対象とさえなり、そこでは自治意識よりも受動的で被支配的な保護、管理、さらに脅威や恐怖の意識が先行する。

平時において、皮肉なことだが、国民国家は共和的で民主的な自治意識を地方自治体に担保させ、かろうじてその自治体としての体面を保ってきた。換言するならば、国家は地方の住民自治体の「影絵」としてのみその存在意義を保持してきたにすぎない。それでも現実は、「国家主権」が地方自治体を統合し統括する存在として自らの「地位」を保持しているという、絶対矛盾の本末転倒の状態にある。とすればこの矛盾した国家の論理を脱却するには、「国家主権」の脱構築が必須となる。その方法として二様の同時遂行が考えられる。一つは諸国家の上位機関として民主的な「世界政府」を設けること、もう一つは主権国家を隠れ蓑や口実とする独裁的な国家主権が生成することのないように、国家を分権民主的な人民主権を以て「地方住民自治体」化させることである。してその実現のためには、いずれも人民主権を国際的人民主権へとステップアップさせることが求められる。

このような理解はしかし、民主的な住民自治体を社会科学的知（智）性に基づき民主化運動の目的とみなす一連の自覚ある人々の間にのみ成立するかのようだが、それでも持続的な国際平和や自由で公平な共和社会を望む者は誰であれ、直接民主政治、境界の自由往来、リコール権などの保証された民主的な住民自治（体）の生成を願わない者はいないであろう。現実の世界は確かに、このような望みを容易に砕く厳しい状況にある。最大のネックは、未だ絶対的な国権力支配を以て民主化を抑圧してやまない独裁的な国家の存在にある。とりわけ大国の独裁的な全体主義化や国家主義化が進み、覇権、敵対、忖度、談合を以て成立する「世界権力」が、国際関係を攪乱させあるいは牛耳ることで、民主化運動を抑圧し、その意義を無効にしてしまっている。

なおこの点の詳細な論考は後章に譲り、ここで最近懸念している外来の国家思想について一点だけコミットしておきたい。それは、現代の革新的な思想とみなされている、国民国家の民主主義議会制度のみを批判し今なおレーニン主義的な党の復活を唱え、国家のプレゼンスを重視するＳ・ジジェクの国家論が横行している点についてである。このようなアナクロニズムな議論[12]は、まさに中心が周縁を支配する共同体の自動的な作動システムすなわち中央集権的な国家の論理に加担し、「世界権力」の壁を補強するものでしかない。むしろこのシステム、論理、壁をラジカルな民主化によって乗り越え、克服していかないかぎり、自由で対等な民主的自治は永遠に望めないであろう。

ところで民主的な住民自治を支える自治意識は、「自分は自分である」という自己意識が、自己（意識―身体）を中心に遠近的重層的に広がる周囲・周縁の他者と知的かつ情動的に交わる世界、すなわち血縁的な両親や家族から、その近縁の周囲の親族や民族、さらには地縁的な、学校（教育）、病院（医療）、警察、文化施設などを有する地方自治体（村→町→市→県）からなる大小様々なコミュニティと、学習や種々の経験を通して一体感を育むなかで、自然に芽生えてくる。すなわち共にある自然や社会の環境場が、自らが成長し生きていくあるいは自らを活かす場であるかぎり、それは共生への愛情や意志を育くむ場となり、かかる場との求心的一体化すなわち他者や他性の尊重を踏まえた自己の拡張、「非自己」の自己化により、民主的な自治意識が形成されていく。

だが前述したように、自治意識をこのような牧歌的な理解でのみとらえることはできない。というのも自治意識が同時に集団意識となるからだ。問題は、両意識に亀裂ができ後者が前者を凌ぐとき発生してくる。してその最大の契機となるのが、集団が疑似自治体すなわち「大文字の他者」となるときである。そこでは集団の統合意思が自治意識を大きく変質化させていく。とりわけ集団が国家である場合、敵国の出現や自国内での偶像崇拝や教条主義により国家主義的な扇動が強まり、自治意識は覇権意識へと歪められていく。国家主義的な政権は往々国内的な批判をかわし国内支配を完結させるために、あえて仮想敵さえも作ろうとする。国境を巡る争いもまた、敵対関係を煽るための恰好の「出来事」となる。しかしそもそも国境とは支配と被支配の歴史的経緯の偶然性や恣意性によって線引きされたにすぎない。主権国家としての領域侵犯に対する批判や、原住民による領土回復の要求は

「正当」であるとしても、敵愾心を煽る言動にはいかなる「正義」もない。

　ここで改めて民主的な自治意識を変質させ危険な覇権主義へと導いていく国家主義について考えてみよう。さて生物学的に、国境は「縄張り」に、国境紛争は「縄張り争い」に相当し、「境界づけ」にことさら拘り罵り怒号する国家主義者達は、さしずめ威嚇し吠えまくる野獣に等しい。しかしかれらの野獣性は多くは神性（聖）に支えられており、したがって崇拝、統合、統制および排除が、すなわち「神国」、「犠牲（玉砕）精神」、「非国民」、「ヘイト・スピーチ」がかれらの「特許」となる。それでもかかる国家主義者達にも、当初は防衛的な心情（信条）や「誇り」に根ざした、自集団を守るという「気概」ならぬ主権的な自治意識が伏在していた。それは民主的な自治意識にも通じるが、しかし基本的には主権的集団を意味するネイションNation由来の意識と言えるであろう。

　ネイションとは民族、国民、国家の各々の意味を有するが、とりわけ近代社会以降では、一般的に民族や国民を包摂する「国民国家」の意味で使われている。国家主義はしたがって、このネイションの完成形態でもある「国民国家」より派生するナショナリズムNationalismの一形態とみなされる。ちなみにナショナリズムとは、一般的に各々ネイションに対する意識が外圧などにより「グレードアップ」されイデオロギー化された、すなわち民族主義、国民主義、国粋主義、そして国家主義の総称である。現実には各々ナショナリズムは相互に絡み合って出現してくるが、およそ類似の経過を辿る。たとえば民族的および国民（民衆）的なナショナリズムにおいて主権的自治意識は、専制権力に対しては強い自治的な抵抗意識へと高まるが、権力を巡る争闘に及ぶや往々支配と覇権の意識へと変質する。結果民族主義は人種主義とも近似的な、「民族浄化」という自民族中心主義に、また国民（民衆）主義は国家主義さらには帝国主義へと発展し、最悪のコースを辿る。

そこで各々ナショナリズムの意味を示し（一〜四）、さらに相互の異同、関連を明らかにし、国家主義に帰趨する危機をいかに回避するかについて考えたい。

一．民族主義：同郷の、歴史・文化、特に言語・宗教を同じくする人間の社会的集団に最高の価値を置く考え方[13]。

二．国民主義：国家を構成する人々、すなわち「国の民」に最高の価値を置く考え方。

三．国粋主義：自国の歴史・文化・政治を誇り、その維持・保存をはかろうとする考え方

四．国家主義：国家の権威・意思を至上のものとする考え方。

いずれのナショナリズムとも、愛着（郷土愛・同胞愛）の織り込まれたネイションに最高の価値を置き、統一・独立・発展を志向し推進する理論や運動を意味する点では共通している。しかしネイションが民族、国民、国家のいずれかで、自ずとナショナリズムの意味合いが異なってくる。先ず民族主義は、その他のナショナリズムと帰属が明らかに異なる。がしかし自らが国家形成への志向性を有し、また多民族国家という言葉の示すように、おおむね国民国家に包摂されていく運命とともにある。とはいえそのイデオロギッシュな情念は、国民国家をも超え、抵抗と破壊の、自己犠牲と他者殲滅の世界をもたらす。一方国民主義は反対に、平時より「国民」に最高の価値を置き、「国民意識」や国民国家を重視し支える。国粋主義は、両者を折衷するかのごとく、国民国家の歴史や文化に最高の

価値を置く。しかしそこでの「国民意識」はすでに「グレードアップ」され、往々国家主義へと結びついていく。して国家主義は、国家の権威と意思に最高の価値を置き、民族主義の情念に近似する愛国主義（パトリオシズム）を以て民衆を扇動し国民を統率していく。

各々のナショナリズムの意味や内容・内実を踏まえるならば、この地球上のいずれかあるいはいくつかのネイションに重層的に所属し、ひっきょう「国民国家」の世界に帰属するほとんどすべての人間は、自覚的であれ無自覚的であれ、ナショナルな意識を分有し、パトリオティシュな心情へと傾斜する可能性を秘めている。とりわけ「有事」には、平時から国民および国粋主義の心情や信条を刷り込まれている主権的自治意識は、ナショナリズムが国家主義さらには帝国主義へと一元化されていくなかで、しだいに支配と覇権の意識へと変質化され、再び危険な歴史を招くことになる。

国家主義への危険を回避するためには、したがって日頃我々国民が自国の支配的な歴史や文化を反省しその諸々の価値を見直し、決して自国中心的な主張に陥らないこと。現在の諸国民国家のせめぎ合う世界体制下にあって、かかる「危機」の回避はあらゆる努力のすなわち人類の最重要課題としてある。なおそのための予防的措置として、国家への過剰な思い入れやナルシズム（誇大的な心情、信条、気概、崇拝、信仰、……）を抑制し、各々国家をオープンで自由に越境可能にし、さらには軍産力を誇る大国の帝国的支配による国際覇権を許さず、主権国家としての民主的自治の国際法規を国内法規にも敷衍化させ、国家主権を牛耳る独裁者達の横暴を許さないことが必須となる。なおこの点については後章で改めて詳論する。

国民国家の「主権」的な自治意識については、すでに前節で「国家主権」「主権国家」「人民主権」を以て論考したが、ここではその土台をなす「国民意識」について考えてみたい。

B・アンダーソンは、自著『想像の共同体』の中で（七六〜八七頁参照）、近代の「国民国家」の想像を可能にしたバックグラウンドとして、また「国民意識」の起源として、産業革命を契機とした資本主義的な生産システムと生産関係、コミュニケーション技術（印刷、出版）、そして人間の言語的多様性という宿命性のあいだの、なかば偶然のしかし爆発的な相互作用を取り上げ、特に出版資本主義の果たした役割を強調した。また「国民意識」の具体的な形成については、近代ヨーロッパの合理的、科学的および社会的知性の発達に伴う自然科学や社会契約論の発達、参政権の拡大、宗教の非政治化（聖性の衰退）、言語の俗語化や統一化、学校教育の画一化、および同時性の観念や共同意識の生成さらに生活空間や時間の均質化などが大きく関与している、とみなした。

前章でも述べたように、歴史上最初の国民国家は、アメリカの独立戦争に始まる一八世紀後半から一九世紀前半にかけての南北アメリカの、共和主義的なクレオール国民国家であった。それは、反植民地主義の抵抗意識と自治意識のすなわちナショナリズムの高揚とともに形成された。またアンダーソンによれば（前掲書一四四〜七六頁参照）、このいわゆるクレオール・ナショナリズムは、抵抗と独立の同胞愛に根ざした自己犠牲をも伴う自治意識の強い国民主義的な特性を持っていた。対して「本国」ヨーロッパでは、「国民」に帰化（国家主権を掌握）した君主達は、国民と王国の矛盾を隠蔽しつつ、自治意識の劣化し変質した絶対国家主義的な「公定ナショナリズム」を現出させ、さらに覇権的帝国主義へと発展させていった。[14]

郵便はがき

料金受取人払郵便

神田局
承認

6430

差出有効期間
2022年12月
31日まで

切手を貼らずに
お出し下さい。

101-8796

537

【受　取　人】

東京都千代田区外神田6-9-5

株式会社 **明石書店** 読者通信係 行

お買い上げ、ありがとうございました。
今後の出版物の参考といたしたく、ご記入、ご投函いただければ幸いに存じます。

ふりがな お名前	年齢	性別

ご住所　〒　　-

TEL　(　　)　FAX　(　　)

メールアドレス	ご職業（または学校名）

*図書目録のご希望	*ジャンル別などのご案内（不定期）のご希望
□ある	□ある：ジャンル（　　）
□ない	□ない

書籍のタイトル

◆本書を何でお知りになりましたか？

□新聞・雑誌の広告…掲載紙誌名［　　　　　　　　　　　　　　　　］
□書評・紹介記事……掲載紙誌名［　　　　　　　　　　　　　　　　］
□店頭で　□知人のすすめ　□弊社からの案内　□弊社ホームページ
□ネット書店［　　　　　　　　］　□その他［　　　　　　　　］

◆本書についてのご意見・ご感想

■定　価	□安い（満足）	□ほどほど	□高い（不満）
■カバーデザイン	□良い	□ふつう	□悪い・ふさわしくない
■内　容	□良い	□ふつう	□期待はずれ

■その他お気づきの点、ご質問、ご感想など、ご自由にお書き下さい。

◆本書をお買い上げの書店

［　　　　市・区・町・村　　　　書店　　　　店］

◆今後どのような書籍をお望みですか？

今関心をお持ちのテーマ・人・ジャンル、また翻訳希望の本など、何でもお書き下さい。

◆ご購読紙　(1)朝日　(2)読売　(3)毎日　(4)日経　(5)その他［　　　　新聞］

◆定期ご購読の雑誌［　　　　　　　　］

ご協力ありがとうございました。

ご意見などを弊社ホームページなどでご紹介させていただくことがあります。　□諾　□否

◆ご 注 文 書◆　このハガキで弊社刊行物をご注文いただけます。

□ご指定の書店でお受取り……下欄に書店名と所在地域、わかれば電話番号をご記入下さい。
□代金引換郵便にてお受取り…送料+手数料として500円かかります（表記ご住所宛のみ）。

書名	冊
書名	冊

ご指定の書店・支店名	書店の所在地域
	都・道 府・県　　市・区 町・村
	書店の電話番号　（　　　　）

ちなみに日本におけるナショナリズムは、明治維新以降なおも今日に至るも、一貫して「公定ナショナリズム」すなわち神聖天皇制ナショナリズムが基本となってきた。ただし戦前は、絶対天皇制下にあり、国粋主義や民族主義そして何よりも国家主義の要素を濃厚に宿していた。とはいえ同じナショナリストでも、「現人神」なる天皇を絶対神としてひたすら尊崇する者達がいれば、浪漫派観念論者や北一輝のように、天皇制を反資本主義的なナルシズムと折衷コラボさせる、あるいはまた国民国家支配のための「機関（手段）」とみなす者達もいた。戦後は絶対天皇制が象徴天皇制へと改組され、少なくともしばらくは国民主義がドミナント化し、国家主義や国粋主義は後退余儀なくされた。しかししだいに国民主義に戦前・戦中の天皇制国家主義を結びつけ語る、いわゆるネオ・国家主義者やネオ・ナショナリスト達が雨後の竹の子のごとく台頭してきた。してこの現代日本社会を席巻する国家主義的思潮をいかに脱却していくかが、国際的人民主権に根ざす我々革新派にとっての最重要課題となってくるであろう（五章で詳論）。

3. 資本主義の歴史的展開

前節で国民国家および「国民意識」の形成に、資本主義の果たした役割について述べた。しかしそこでは資本主義自体に内在する資本の論理の評価がなかったため、「国民意識」から階級的な利害や矛盾の意識が捨象され、国民国家論はナショナリズムを主題とした国家の論理の議論に終始した。そこでこの節では、資本主義の歴史的な展開に沿って、改めて資本の論理の視点から国民国家の今日に至る変遷を考察する。

さて「資本」とは、一般的には営業や事業に必要な基金、概念的には利潤および余剰価値を生むと予測されるものの総称、と解される。具体的には、貨幣や動産あるいは不動産、物的ものから知的・生命・精神的なものまで、「不変」的および「可変」的なすべてのモノとなろうか。資本主義とはしたがって、この資本を元手に利潤追求するための、すなわち私有財産と自由競争を基礎とする市場経済組織や制度、さらにそれに社会・文化・思考様式を含んだ歴史的概念やイデオロギーを総称し、歴史的にはもっぱら共（「公」）有財産と計画経済を基礎とする社会主義に対して用いられてきた。

市場商品経済と資本主義は自然発生的に生成し発展してきたと言えるが、その経緯や過程については人間の合理的かつ科学的な思考様式を組み込んだ資本の論理がはたらいていた。それはつまり人間の利潤追求という欲望や情動に動機づけられ、社会的には功利的かつ合理的にあらゆる事物・事象を商品化し生産、流通、分配、消費の全過程に及ぶ、また歴史的には拡大再生産と「恐慌」の発生を繰り返す、まさに自動的な増殖、調整かつ再生の循環運動を促すマシーンおよびエンジンであった。さしあたり資本主義の効率的で合理的、そして何よりも自己増殖的な資本の運動、イデオロギー、論理、あるいはその生産および交換様式や社会的諸制度は、国民生活を「豊か」にしてきた。しかし同時に格差、疎外、歪み、争いなど多くの矛盾を発生させ、民主的な国民意識や自治意識を減退、変質させてきた。そして資本と一体化した政権はしばしばこの矛盾の隠蔽と批判回避のために国家主義を利用した。

資本主義は当初より現代に至るも多くの矛盾や限界をはらんでいた。たとえば資本主義経済では過剰生産や信用破綻からの「恐慌」は避けられない。とはいえそれは技術革新やダウンサイジング（労働者の首切りや規模縮小など）の、すなわち資本の論理の内部において回避しうる程度の、むしろさらなる資本主義の発達を促す原動力とさえなりうる内在的にして相対的な矛盾や限界でもあった。問題は、資本の論理および資本主義内部の矛盾や特性が、社会に対して不況（デフレ、大量失業、……）をもたらすだけではなく、好況時にあっても富・所有の偏在や不平等を醸成し、搾取（剰余価値・貧困）や疎外（物象化・商品化）など社会的および階級的な矛盾を、さらには資源枯渇や自然破壊などの自然の問題を不可避的に発生させてきたという点にあった。

資本主義の初期には、古典学派のアダム・スミスによれば、神の「見えざる手」の下での市場原理に従い、もっぱら自由な経済的な営み（活動）を以て、諸個人および社会に多大な利潤と過分な生活をもたらすもの、とみなされていた。この場合「自由」とは、諸個人の自由な利己心や欲望による自由な競争を意味し、そこには「正義の法則」に基づいた自由自在な駆け引きは自動的な調整や調和をもたらすという信念があった。だが「神の見えざる正義」は「良心」を喚起したとしてもイコール明記された「ルール」や規則ではない。ゆえに資本主義は「良心」を呑み込む放縦なマシーンとなり、多くの利潤と矛盾をもたらしてきた。なおこの動力「源」は、アダム・スミスが見落し、マルクスが見極め、そして宇野弘蔵が新たに解釈した、産業資本の産み出す「剰余価値」[15]にあった。

くしくもかかる論理に支えられた資本主義は、すでに前章でも述べたように、その生成から今日に至るまで、自らの補塡・調整・修正を重ね変化・発展を遂げてきた。そこでこの変遷を資本主義のグローバル化の動向に照らし合わせ、改めて初期、中期、後期に分け、各々の特徴を明らかにしさらなる考察と展望に資したい。なおこの時期区分は、あくまでも資本主義の発生および発展の源であった欧米の経済の形態および変遷を中心に大局的な観点から、しかし便宜的に設定したものであり、各々の時代は地理的にも歴史的にも前の時代の形態・特徴を含んで成立している。

(1)初期の産業資本主義の時代(一**八世紀半ば〜一九世紀後半**)**:**実物経済の段階から貨幣を媒介とした交換経済の段階へのステップアップが、一七世紀の西欧諸国による野蛮な資本の本源的蓄積(原住民の掃滅、奴隷化、征服、金銀鉱山の発見・略奪、黒人奴隷を介しての三角貿易など)を通して、産業資本主義の開始へと導いた。最初それは前章でも述べたように、一八世紀半ばイギリスにおいて、重商主義経済の中心を担っていた商業資本の産業資本への転化、すなわち労働者を囲い込み(買い・雇用し)協働させ生産させ利潤を得るという、いわゆるマニュファクチュアを以て始まった。生産現場であった工場や企業は、富の真の源泉である労働の分業化と機械化による市場自由主義経済によりしだいに生産力をアップさせ国富をもたらすようになった。しかし利潤(剰余価値)追求すなわち生産性や生産量の向上を目指し労働量を増やそうとする資本家達に対し、自らの生活向上を目指し賃上げや労働条件の改善を求め団結し闘う労働者達による運動が発生した。また一九世紀後半になると市場・生産のグローバル化が進み、結果イギリスの国内経済に陰りを見せ始め、世界の工場の中心はしだいにイギリスから、自由貿易体制と産業保護政策の下で工業生産を発達させてきたドイツやアメリカへと移っていった。

(2)中期の独占および修正資本主義の時代(**二〇世紀前半**)**:**この時代は、両大戦前後に及ぶまさに資本主義の転換期に当たる。生産や市場の自由が生産力を高めたが、他方企業を利潤追求の苛烈な競争に駆り立て、各々の利潤率を低下させ自己資本を減少させた。そこで資本家達は「共倒れ」の危機を回避し一層の増資をはかるために、各々企業の連合や融合（トラストやカルテルなど）により資本を独占し企業財閥を形成し、同時に資本の分散化と公募による証券株式投資を積極的に行い、独占株式資本主義体制を確立していった。結果周縁に多くの下請工場や子会社を配する大企業を中心とした巨大産業システムが構築され、資本・技術・生産能力の向上とともに、大量生産や大規模経済開発が可能となった。

とはいえ企業の生産量の増大は未だ低い労賃の状態にあっては生産量（供給）に見合うだけの消費量（需要）は期待できない。結果過剰生産となり、さらに金本位制で中央銀行に金融政策の自立性がないため、しばしば金融恐慌（デフレ、株価下落、不良債権、倒産、失業など）に陥った。周期的に発生する軽度のエンジントラブルや不況は反トラスト法の制定などにより回復したが、しかし戦間期の一九二九年に発生した世界恐慌は、回復不可能な決定的な「出来事」となった。それはニューヨークの株価大暴落を以て始まりやがて世界に波及した。資本主義の自己運動が停止し大量の失業者が発生し、価値体系の解体とともに社会生活が一時麻痺状態に陥った。不況は資本主義世界全体を巻き込み、事態の深刻さは資本主義経済の根本的な点検と修正を必要とした。

そこで参考になったのは、恐慌の影響を受けなかった社会主義統制経済やケインズ達の公共投資を重視する新古典派経済学派の理論である。実際にアメリカのニューディール政策は、以上の方法や理論を参考に、全国産業復興、農業調整さらに金融の統制、労働者保護、公共事業などを積極的に実施し、一定の成果を収めた。しかし金本位制離脱など欧州の保護主義的なブロック経済政策と対立し、充分な回復に至らなかった。アメリカの不況からの脱却は、結局第二次大戦開始にともなう軍需景気と戦後四〇年代のアメリカを中心としたブレトン＝ウッズ自由貿易体制（世界銀行設立、金・ドル：IMF・GATT体制）によった。とはいえこの体制はアメリカ経済に金不足・ドル危機（過剰供給）や通貨調整の不具合を招き、いずれ崩壊していく（固定相場制から変動相場制への移行など）。

ともあれ一連の社会主義的および国際的な対策・対応は、資本主義のエンジントラブルを修復し、労働者の労働条件の改善や労賃と消費能力の上昇をもたらし、恐慌からの回復のみならず国民生活の向上、福祉・教育の充実、さらには科学技術の革新を促し、資本の蓄積の増大とともに持続的な「豊か」な物質文明社会をもたらしていった。

（3）後期の新自由主義と情報・金融資本主義の時代（二〇世紀後半～二一世紀前半の現在）：限りなき利潤追求を促す資本の論理からすれば、間断なき生産性すなわちその指標であるGDP（GNP）の向上は至上命令となる。社会主義的な方法・規制は経済の回復と安定をもたらしたが、高度な経済成長を保証するものではなくむしろ生産性向上には足枷とさえなってきた。そこで六〇年代にGATTの新たな多角的貿易交渉により貿易や資本の自由化が、さらに八〇年代にはアメリカで新自由主義の潮流が次いでシリコン・バレーを拠点に通信技術革命（ITなど）が発生し、金融の自由化や規制緩和（「金融のビッグバン」）が進められた。やがて世界経済に国際短期金融資本の流通が高まり、グローバルな開発と競争が活発化し、生産性が向上し消費も拡大していった。とりわけ植民地貿易の不可能になった先進諸国は、情報および輸送技術の革新と内需拡大により、変動相場制の下多くの矛盾をはらみながらも自由貿易を多角的に発展させ（多国籍企業化など）、生産・流通・消費における全面的な発達を促していった[16]。

九〇年代に入り新自由主義政策に基づいた情報・金融資本主義の発達は、ウルグアイ・ラウンド交渉などを介して、一端は保護主義に傾斜した各国経済の市場を開放し、さらに社会主義国家の門戸をも開かせるまでに至った（冷戦の終焉）。またGATTに代り新たにWTOが創設（九五年）され、各国に安全の定位平準化が求められ貿易内容も「財」から金融やITなどに関わる「サービス」へと拡大され、貿易、取引、移民、旅行によるモノ、マネー、人の移動が急速に増大していった。一方生産部門でもこれまでの大量生産システムに代って、低コストで生産可能なコンピューターソフトウェアの商業利用が促進され、さらに世界的なサプライチェーンの構築により経済の生産・流通サービスが格段に高められた。こうしてITと金融システムの急速なグローバル化は、先進諸国の多国籍企業化のみならず、諸国間の統合（EUなど）や発展途上国の発展をも促していった。

しかし実際には放任資本主義による利潤追求の国家・企業間の飽くなき競争は止まず、資本主義経済の成長を尻目に、とりわけ貧困層の増加と所得格差が拡大している。また経済格差に基づいた金融貸し付けは、往々通貨供給を滞らせ、結果不良債権、銀行の破綻、さらには企業間国家間の経済摩擦による保護主義、経済のブロック化、為替切り下げの応酬などを発生させ、再び不況や恐慌を招くことにもなった。経済の低迷・混乱は、福祉の後退や格差拡大およびスクラップアンドビルドによる環境破壊をも発生させ、軍事産業の発達による軍事的危機の増幅とともに、民衆を再び不条理で不安な現実に直面させている。

後期現代の金融支配の世界資本主義について、改めて資本の論理からアプローチするならば、それが資本主義の究極のおよび最終の形態であることが見えてくる。世界資本主義は戦後の発展途上国（産業の発達を目指す新独立国や市場開放した社会主義諸国など）の増加を契機に、先進工業国所属の多国籍企業が生産労働の分業化すなわち差異化という資本の論理に従って、不均等な軍事経済的な国家間の差異を利潤（剰余価値）追求のシステムに組み込むことで始まった。多国籍企業は貿易振興や投資の目的で競って途上国へ進出し、アウトソーシングによる安価な資源・労働力の調達と工業製品の販売（輸出）を求めての工場移転、さらにはマネー投資による当事国の企業の買収などを推進していった。こうして新興国をも巻き込むかたちで、世界資本主義は不均等経済を再生産し支配する新たな「帝国的市場」を形成しつつ発展していった。そしてこの不均等な世界資本主義経済に拍車をかけたのが、何よりもＩＴの発達に便乗した金融資本であった。

今日株価取引がインターネットを介して大衆化（投資信託などによる）され、世界経済が投機マネーの狂乱する爛熟した段階すなわちある意味資本主義の最終段階であるかのような、「証券化」「投機」「超」「暴走」の名のつく金融支配の新しい資本主義の段階を迎えている。このような動向や現象は資本主義の腐朽性をイメージさせるが、しかし市場や投資の拡大、生産性の向上という資本の論理に最大限忠実であるだけで、事実ＧＤＰの向上にも大きく「貢献」している。ちなみに一九六五〜八〇年の間のＧＤＰの上昇は、米・日・独でおよそ一〇倍にも及んだ。したがってこの金融資本によりもたらされた「成果」を丸ごと否定することは非現実的であろう。とはいえもたらされた負の面を看過、放置、免罪していいはずがない。とりわけ今日のマネーゲームに根差した資本主義が、国民国家社会のあらゆる交換関係を大きく変質させ、実体経済の低成長化（超低金利の世界化）を尻目に、「世も末」の新たな多くの問題を発生させているのだ。

岩田弘は、ＩＴのような現代のデジタル・ハイテクノロジーは、産業をグローバルなネットワーク型集積の形態にさせ、企業経営を中央集権的な垂直結合型の管理システムに代って分権的なネットワーク型の管理システムの下で行わせていると評価するが[17]、しかし「独占」消滅も脱中央集権化も果たされていない。くしくもＪ・バートレッドが分析し理解したように[18]、ネットワークの指数関数的拡大は、統合、買収あるいはプラットホーム（ネット）の支配を通して、グーグル、アマゾン、フェイスブック、インテルなどの巨大ＩＴ企業およびそのサブシステム（広告代理店業界など）により、むしろ世界経済の独占が推進されている。巨大ＩＴ企業を中心とした分散型市場経済は、独占資本主義時代の大企業財閥による独占に代り、価格の上昇ではなく引き下げを指向することで、巨大なデジタルプラットホーム（情報公開の場）というインフラを所有し、またロビー活動（献金、連携、……）を活発化させ、国民から公的な論議の調整や喚起の機会を奪い、かくして世論を操作する「特権の場」から経済のみならず政治、福祉、医療、教育のあらゆる領域に関わる巨大なテリトリーを築き支配していこうとしている。そこでは岩田の見解に反し、革新的な構想や技術が抑制され、ＩＴやＡＩを活用した軍産的国家戦略の下で、国民が政治経済の中央集権的なネットワークへと収斂されていく世界が展開している。

現代医療に欠かせない超音波装置が第二次世界大戦で敵の潜水艦発見を目的に開発されたように、

今日のパソコン・インターネットを可能にした光ファイバーケーブルや人工衛星通信システムなども冷戦における軍事目的により開発された、ある意味「札付き」の技術である。要はいかなる国民国家であれ、科学技術も資本主義も軍産的な「国力」の増大とともに発達し、その極限形態を示すIT金融が万事諸々の資本を紐づけ、AI軍事とともに、現代の国民生活を支配し、まさに自由のない全体主義的な世界を「演出」している、ということ。

4．資本の論理と「賭博」

市場経済において、商品となるモノの内容は、時代の需要の量・質の拡大とともに、大きく変わってきた。たとえば初期の市場経済では、当時の素朴な人間の需要に応じた、衣・食・住・労働のための日常の生活用品やサービスに、若干の嗜好品や装飾品が加えられる程度であった。しかし科学・工学・生産技術が発達し資本主義が高度化するに及び、精密時計、電気製品、家、車、船、土地など、大小の精密、高価、贅沢なモノやサービスが、さらにIT・ATの科学技術革新により、優生、好奇、安心への欲望に従いモノならぬモノすなわち健康、知力、体力、精神・情動、生命、性（精子や遺伝子）などに関わるグッズやサービスが商品の対象となり、今日ではその購買手段であるマネーさえも商品化された。このような物象化された人間社会の「荒廃」に遭遇して、我々は今一度資本の論理の本質を見極め、人間社会の在り様について根本的に問い直す必要に迫られている。

ところで産業資本主義がグローバル高度金融資本主義へと発達していく最大の契機となったのは、

有限責任制に基づく近代株式会社の確立（一九世紀後半）にあった。なおそれには、当時のJ・マカロックの批判に対する、J・ミルの反批判の主張が大きく関係している。[19] すなわち前者が、株式会社は全員が無限責任を負う個人・合名会社とは異なり結果責任の制限された有限責任制となり、投機や賭博が異常に拡大し過剰取引や詐欺行為が生み出され、健全な経営が阻害される恐れがあると主張したのに対し、後者は会社の資本維持と資産状態の公開の原則さえ守られれば、貨幣資本の投資が容易になり生産の拡大や増大を促し、さらに「分配と改良」を適宜行うことで会社も社会も発展していく、と主張した。現代の大企業株式会社システムは、事実後者のミルの理解の下に発展を遂げてきた。とはいえマカロックの指摘した株式会社出自の狂乱した投機や過剰取引および詐欺行為自体がなくなったわけではなく、現代グローバル金融資本主義社会ではむしろ増加の一途を辿っており、憂鬱な社会問題となっている。[20]

株式会社に限らず、そもそも資本主義市場は「賭博」という資本の論理およびシステムによって成り立っている、などと言うと、多くの人達は驚かれるか猛反発するか。しかし柄谷も強調するように、[21] モノが売れて初めて商品になる。売れるか売れないかはまさに「賭け」である。賭博とは、勝負ごとに金品を出し合い勝った方がそれを受け取ることだとするならば、物品の適正価格を想定し売りに賭ける資本主義市場は、損益の比が「一か八か」の賭けからすれば格段に小さいとしても、それでもたとえば「競り市」などは、賭けに比重がかかる点ではある意味「賭博場」とそれほど変わりがない。何をどの程度どのように賭けるかによってその扱いや見方が変ってくるが、需給関係が存在するかぎり、ルール設定や倫理的チェックには自ずと限界を伴わざるをえないであろう。

株取引や為替変動に賭ける（投資する）マネーゲームは、一定のルールの下で、少額のマネーを未来に手にするだろうより高額なマネーのために賭けるという、まさに利潤を得ることだけを目的とする、ある意味純粋に資本の論理に従うものである。その点では現代の金融資本主義の段階に至り、隠蔽された資本の論理の賭博的本質が顕になったとも了解されよう。なおマネーゲームの問題は、「ルール・ハンドブック」さえも無視して詐欺的擬制化にまで推し進められた点にある。そこでは、利益や差益のみを狙ったマネーの投機が、具体的な生産物の価格に根拠を置く株価とは全く無関係に行われるだけでなく、E・ケンプが強調するように、投機で生じた負債を具体的な保証もなしに別の投機で肩代わりするなど、すなわち不渡り証券を複合金融商品という形で市場に売りに出すといった、このような証券化による詐欺的な行為が「合法」的に繰り返されているのだ。しかもその動くマネーの総額は、実体経済で取引される総額の三〇倍にもなると言う[22]。

今日の金融資本主義の形態は、このような詐欺的な虚の経済に支えられており、まさしく資本主義の最終形態を予示している。なおこの形態は、以前からすでに土地などを媒体にして転売することで利潤（差額）を得る不動産業などに見られた。それは株価上昇のみに賭けて投資・投機する行為とそれほど変わりはなかった。また詐欺的ではないが、「一か八か」の可能性に賭ける、すなわち少額のマネーで途方もない大金が当たるか当たらないかの賭けに臨む「宝くじ」は、賭博的な形態を最も分かり易く表出している。問題なのは、にもかかわらず現代社会は、このような桁違いの「賭け」ゲームに対して、明確な観点やルールや合法と非合法の線引きもないままに、もっぱら習慣的、恣意的かつ感情的にのみ対応し特殊化しているという点にある。

突き詰めて考えれば、そこには多くの疑念が湧いてくる。たとえば詐欺的な投機証券資本主義が公共的な社会を支配し、最も賭博性の強い「宝くじ」が社会的法的にオープンに許されているのに、あるいは競輪や競馬、パチンコなどのいわゆる賭博性の強いスポーツの観戦やゲームが許されているのに、その他のスポーツ観戦やゲームに金銭的な賭けを持ち込むことがなぜ問題となり違法となるのか。また生命・身体というマネーの評価に最も適しない領域においても、臓器売買が非合法であるのに、臓器移植に高額なマネーを以て取引されることがなぜ許されるのか、自らの生命を担保に金銭を賭けさせることを生業とする生命保険会社や、死者の弔いに投資し、死者の数が利益に比例する葬儀屋の存在が、さらに医療や教育の現場で患者や学生が「商品」として営利の対象とならざるをえない現実が、なぜ問題にさえならず許容されあるいは放置されるのか。

現代の世界金融資本主義社会の実態が物語っているように、要するに資本主義世界の賭博的な本質を隠蔽し不問にしたままで、個々の「賭け」にのみ焦点を当て合法か否かを論ずるのは、まさに表面的な取り繕いでしかない。たとえ資本主義社会を享受するにせよ、そこには「賭け」の自由のそして何よりも人間生活に即したその在り方についての深い考察と適切な判断がなければならない。さしずめ現代社会ではパソコン・インターネットの普及により電子取引システムが進み、投機資本や短期資本（ドル建て国債など）が跋扈し、生産・流通手段の加速化、株や土地など不動産への短期投融資の増加、株価や地価の高騰や貸付資本の増大を促すとともに、収賄・詐欺的システムの浸透を強めている。この擬制的な金融経済の放縦性が、さらに多くの非合法な詐欺行為を発生させ、同時に国民、企業、国家の間に、これまで以上の富の格差拡大をもたらし、世界経済を信用の不確実な、まさに先の見えない不安定なものにしている。

たとえば先進諸国の多国籍企業が短期資本の、中南米やアジアの発展途上国への投資（流入）により国際収支の危機、すなわち変動相場制を介しての通貨危機や不良債権の累積による金融危機を発生させ、後者の社会に財政赤字やインフレを発生させ、さらなる貧窮を招いている。なお補助のための「公」的資本援助は必須ではあるが、それだけでは国民自治の弱い独裁的な国家なればかえって国民間格差を助長することにもなる。国家の「モラルハザード」や「情報の非対称」が「危機」や「格差」の主要な要因となるだけに、いうまでもなく国家の民主化および国際的なルール・規制の創設・強化が重要となってくる。

先進諸国家内部においても格差が拡大している。二〇世紀後半以降の世界経済の急速な発達は、労働者の所得を底上げし、高賃金で株投資を行う「労働貴族」さえも発生させたが、同時に労働組合を弱体化・体制内化させ、かつての終身雇用制や年功序列賃金制度の解体と労働者の分断化を招いた。特に大企業内部では、労働者達は官僚的に階層化された正規職員とパート・非常勤・派遣などの非正規職員によって縦割り複相的に分断化され、かつての資本家と労働者あるいは管理者と被管理者といった二元的な境界が不鮮明となり、労働組合はほとんど機能しえなくなった。他方かつての経営者達は企業内経営を官僚的な職制に託し、自らが経営のトップとして優遇的な株取引に関わり、株主総会にのみ気遣う高賃金・高配当・高報酬を一手に収める役員（ＣＥＯ）となり、投機資本家や芸能スポーツの超タレント集団とともに超資産家集団：オルガルキーを形成し、増加する末端の非正規労働者を尻目に社会的格差をより一層拡大させている。

なおこのような不当・不条理な資本主義体制を支えているのが、当の国民国家政府でもある。大手の金融会社（銀行や証券会社）が膨大な負債資本や不良債権を発生させ、株価暴落など不況に陥るごとに、その影響下にある大企業はダウンサイジングにより職員労働者の大量首切りや不当なコストカットにより経営を立て直し、他方金融会社は自らの力で再建することが困難な場合政府の全面的なバックアップを受ける。政府は、自らの政権と体制維持のために、不況対策として規制緩和や福祉の切り詰めを施行するとともに、不良債権に陥った大手の銀行や証券会社などへ適宜公的資金を投入し、金融会社の「賭け」の失敗を国税によって補填する。そうして不況は、常々僅かなトップの責任表明の演出と多くの末端労働者の「犠牲」を以て収束する。このような企業と政府の一体化した措置は、今日では見かけ一時的な経済的な安定化につながり、不可避の常套手段となっている。

多大な犠牲と格差をバネにして開始される資本主義の「賭博」。この悪循環からの脱却のためには、先ずは資本の論理を支える正・負の、経済的にはさしずめ利潤追求に基づく「不均等性」と「均等性」の往‐還の弁証法的な反復相に対する理解が重要となる。それは、産業資本が不均等性を利潤獲得の条件およびバネとし、企業間や国家間の競争、提携、貿易を媒介に生産性を高めていく往相と、結果資本や労働力などの要素価格を均等化[23]させていく還相であり、さらに後者に伴う労賃の上昇や消費価格の低下による利潤率の低下に対し、再び産業資本がグローバル金融資本と提携し、マネーの投資や企業買収などによる賭博的なビッグビジネスを展開し、より安価な労働力や潤沢の資本を海外から調達し、あるいは企業自らがより安価な労働力とより大きな消費需要を求めて海外に進出し、生産・流通・消費に及ぶ世界経済の不均等性を利用しさらなる利潤を獲得していくというよりグレードアップされた「往相」を以て示されるであろう。

世界経済もまた不均等性の均等化に向かうが、現実にはしかし多くは不均等性のさらなる不均等化に向かう。前者については、前述の要素価格均等化に沿った、とりわけ発展途上国における労賃の「不均等性（搾取）」の均等化（労賃アップ）と消費能力の向上によるものであるが、後者に関しては国家の論理を始め多様な要素が絡み深刻な現代的な課題となっている。とりわけ詐欺的賭博性の強い金融資本の増大・拡散が、二一世紀に入り先進諸国内においては労働の分断化とオルガルキーを発生させ、他方途上国にあっては「規模」や「外部」経済の作用により自国経済の発展を促す一方で、債務・通貨危機などを発生させ、労働者間の生活レベルの、また国家間の国力の格差をより一層増大させている。なおこの格差が拡大する世界経済の対応策については、次章で引き続き議論を重ねるが、基本的には政府や国際機関による規制強化と再分配の適正化が重要となるであろう。

ところで資本主義の賭博性に関して、これまで「賭博」という言葉のもつ負のイメージから批判的にのみ語ってきたが、そもそも「賭ける」こと自体にそれほど問題があるわけではない。我々は「人生は賭けだ」という言葉をよく耳にするように、人生上の売・買、得・失、生・死、勝・敗、信・不信などに関わる多くの行為や営為は、自らの努力や能力もさることながら、何よりも運命や「賭け」に依存している。仕事にせよゲームにせよあるいは信仰にせよ、「賭け」は快楽でもある。とすればその全否定は、人間から自由を奪うことにもなりかねない。「賭ける」行為や思いを認容してこそ、自由な社会が成り立つとさえ言えようか。とすれば資本主義社会においても、資本の論理の属性として「賭博」が契約や規約のルールに沿って行使されるかぎり、ことさら問題となるわけではない。

しかしいずれにしても「賭け」とは、本来個々の人生に関わるしたがって個人的で私的なものである。そこには一か八かの快楽や自由がある。しかしそのような賭けに依存する、不安定な「公共社会」は望ましいとは言えない。とりわけ利潤のみを目的とする桁違いの額の「賭博」の横行は、社会を腐敗させ不安にさせるだけである。だからこそ取り締まるのだと政府が言うが、しかし前述したように、往々その対応や対策に一貫性がなく、恣意的である。それは資本主義の本質すなわち資本の論理自体が「賭博」や詐欺システムに依存しているという認識が希薄であるからではなく、資本やGDPが自政権を支えているという認識が濃厚だからだ。金融資本の賭博性による弊害、矛盾、腐朽が進んでいる現在、表面的な取り繕いや取締りのみを以て対応する限界は明らかとなっている。根本的な変革は社会主義体制の「崩壊」とともにその現実性を失っているが、しかし国家の論理の超出が資本の論理の実質的な乗り越えをも可能にする、というチャンスは残されている。

(注)

1. 関連の図書参照。一部が覚醒への道標（身体・存在・空）で、二部が国家と国連の思想となっている。
2. アンダーソンの『想像の共同体』によれば、資本主義が出版物の発展を促し、新しい同時性の観念を生み出し、国民意識を醸成した、とみなされている（Ⅲ：国民意識の起源、参照）。
3. 『現代帝国論』一八‐九頁参照。

4. 『世界共和国へ』二一五頁参照。

5. 『永遠平和のために』（一五頁参照）

6. 『現代帝国論』七章：（「国際社会」とはなにか）の中で、山下が、カント的伝統を革命主義による「世界社会（人類社会が共有する普遍的規範の国家規制により国家主権の揚棄された、トランスナショナルな社会的結びつきを本質とする世界）」とみなし、その対極にあるマキャヴェリ・ホッブズ的伝統の現実主義的な「国際システム（獣的な国家主権間の勢力の均衡・抑止力を本質とするパワーポリティックスの世界）」との中間的な、すなわち前者の普遍的連帯主義的な伝統と後者の多元主義的な伝統の両者を否定し牽制する、グロティウス的伝統の合理主義的な「国際社会（諸国家が主権的であり、かつ規範を合理的に共有可能な「メタ普遍」的な世界）」を称揚する「英国学派」を紹介している。つまり「メタ・普遍」とは、前者の人民主権が単一の国家主権の権力・権威に委譲される国内的理念と、かかる理念の国際社会への「適用」という「国内類推」から、諸国家が単一の「世界政府」のごとき権力・権威に委譲される普遍的な理念を拒否し、あくまでも「抽象的普遍性の外部を志向する」（一三三頁）「普遍性」と言えようか。それは、主権概念を止揚の媒介項として見定め国連の改革を志向し、かつ近代西欧の普遍主義を相対化する当テクストの理念と親和的ではあるが、しかし「民主主義」の言語に刻印された、社会、法・制度、経済、政治、精神、論理そして何よりも運動としての思想性を問うことのないこのような、「権威」ある諸テクストの「紹介・整理」に終始するスタンスからは、カントの「限界」が見えてこない。また指摘の汎・資本の論理による本源的な生産要素である労働（人間）、土地（自然）、貨幣（信頼）の市場（商品）化の限界に伴う破壊や破綻（ポランニー的不安）や、欧米資本主義の「収奪」と「暴力」を隠蔽する民主主義の限界に対しても、「普遍」のメタ化が称揚されても民主化は不問のままとなる。

7. 『アンチ・オイディプス』二六三頁。

8. 右同書、二六七頁。

9. 同書、三一三・四頁参照。

10. 『唯物的空なる気の世界』参照。

11. 『国家と犠牲』五五頁参照。なお国家の法人とは、この場合国家の「主人」、すなわち当時の最高責任者「天皇」に相当する。

12.『ポスト・リベラリズムの対抗軸』四章参照。ジジェクの、たとえば『人権と国家』の中の「暴力と非暴力は破滅的な悪循環に捕われ、鏡像をなす」（五頁）、「資本主義は世界全体を包含するグローバルなものであるにもかかわらず、……意味の次元においてはグローバルではなく、意義のある〈認知地図〉を大多数の人から奪っている」（四八頁）、「……個性の混沌である真の寛容とは、重要な謎をまとっている〈他者〉の尊重である」（一一〇頁）、「人権とは、……究極的には権力の剰余に対する防御ではないか」（一五五頁）などといった意味深な言説も、結局ネグリ・ハートの『帝国』を「マルクス以前の書物」とみなし、国家に絶対的な信を置く彼の陳腐な観点を前提にした主張でしかない。

13.民族とは一般的に「同一地域に住み、歴史・文化、特に言語・宗教を同じくする人間の社会的集まり」（『新小辞林』）を意味するが、津田左右吉は「同じ人種に属するとともに、長年月の間、共同の生活をしてきた、すなわち閲歴を同じくすることによって、その年月の経過とともに自然に形づくられた民衆の集団を指す」（『古事記及び日本書紀の研究』六二頁）とし、「同じ人種」を条件としている。

14.アンダーソンの国民国家とナショナリズムの生成に関する、とりわけ「公定ナショナリズム」を以て、自治意識の変質化した絶対君主制国家主義から社会主義革命後の覇権的全体主義国家まで論及する歴史的分析と検証は、大変卓越している。とはいえそれは「解釈と説明と反省」の域を出るものではない。つまりナショナリズムに対する再認識・再評価が可能ではあるが、それだけでは共和主義的な国民国家を是とする以上の、すなわち国民国家をも超える契機が見出せないのだ。

15.マルクスによる資本の論理の基本的な形式は、労働力（使用価値）を商品として買いg（剰余価値）を産み出す産業資本の定式として、すなわちG（貨幣）―W（商品：A（労働力）＋Pm（生産手段）……P（生産過程）……G'（G+g'）として、さらにその資本の回転は、G'+g=G''……の反復として示される。一方安く買って高く売り利潤を得るいわゆる商業資本は、G―W―G'として示され、外観的には前者と類似するが、貨幣（G）が前者では価値尺度となり論理的に剰余価値を生み出すが、後者では流通手段となり、「剰余価値」の発生は個別的見かけ上のものとなる。なお金貸し（高利貸し）資本（G―G'―G''……）は、その極限的（詐欺的）な形態を示している（『資本論

（1）』二八四～七頁参照）。

宇野は、流通過程を中心とした価値形態論に基づき労働価値説を商品価値の形態的関連の背後の実体として編成される歴史社会を考察し、マルクスの『資本論』を新たな資本の論理に基づき発展的にとらえた。たとえば彼は『恐慌論』の中で、「恐慌現象は、……資本主義的経済に内在する矛盾の総括的表現」（三八頁）とみなし、貸付資本を原理論から外しまた固定資本の更新期間を軽視したマルクスの恐慌理論を批判的発展的にとらえ（付録参照）、貸付資金の回収不能が共時的広汎に発生するところに出現する「金融恐慌」を重視した（三九頁）。今日の流通・消費過程を中心にした言説の流布は、彼の「功績」に負うものと言えよう。しかし彼の、商品の変動価格が売買の反復により中心価格が決定され「社会的価値」が確証されるといった帰納論的な観点（『経済原論』四〇頁参照）や経済学が経済過程を完全に把握しうるということを基礎にして社会主義を科学的に根拠づける（同書二四頁参照）などといった言説には、未だ抜け切れない彼自身の教条的客観主義の限界が読みとれる。事実彼は、科学主義的かつ社会主義的な教条から抜けきれず、自らの重視する資本主義発展の段階論（重商主義、自由主義、帝国主義）に基づいた「現状分析」も、「自由主義」や特に「帝国主義」といった「現状」にそぐわない観念的な概括により進められることになった（『経済政策論』参照）。

16．石見が『グローバル資本主義を考える』の中で、自由・無差別・多角主義のGATTによる貿易の「自由化」は、「近隣窮乏化政策」や大戦中の統制貿易と比べると、戦後経済成長に貢献した、がその成果は先進諸国間だけであり、格差が発生した、と述べている（一二二頁参照）。

17．『世界資本主義1』一一一～二頁参照。

18．『操られる民主主義』（5章）参照。ちなみにバートレッドはその中で、「デジタル・テクノロジーを使ったメディアは、技術の一分野であるにもかかわらず、今や全経済を独占しつつある」（一六一頁）「……データ抽出と監視資本主義をビジネスモデルにしているにもかかわらず、人々に解放をもたらす胸躍るテクノロジーを推進していると称している。ありあまる富を持った白人男性が支配していながら、口にするのは社会の正義と平等だ」（一六三頁）と批判し、さらに次章で「テクノ権威主義のもとでは、人間に解放をもたらすデジタル手法は、狡猾な強制力を生み出す強大な装置にあっけなく変貌する」（一九九頁）と警告を発し、自由でクリティカルな思考や言動、新たなデジタル倫理の確立、独占禁止への決意、安全なＡＩ利用、ネット上の公正取引の促進、労働者の権利保障など、民主主義を救うアイデアを取り上げている。

19. 奥村が『資本主義という病』Ⅱ章の中で、両者の見解を詳しく紹介しているので参照。

20. 右同書によれば、一九世紀末に大量生産が可能となった株式会社が、さらに持株会社となり他社の株式を取得し買収と合併を繰返ししだいに巨大株式会社へと発展していった。さらに二〇世紀に入ると巨大資本の財閥支配に行き詰まるなか、新自由主義政策により国有企業の民営化（株式会社に改組）による株の民間放出と株式の大衆化が促され、金融資本（銀行、証券会社、保険会社などの金融機関）の台頭とも相俟って、財閥資本支配から分散株主の利益を代表する取締兼執行役会（ＣＥＯ）による経営者支配の時代へとシフトし、労働者の分断化支配（正規&非正規職員など）を推進していった。二〇世紀末には放漫経営や経営の失敗により供給過剰、簿外取引、サブプライム・ローン恐慌、粉飾決算、株価暴落などが発生し大企業や金融機関の倒産・倒産危機が続くも、理不尽な政府の財政援助や、非正規など使い捨て労働者の大量解雇やコストカット、さらには社債を利用した他社のＭ&Ａ（合併と買収）や「乗っ取り」を進めることで経営の再構築をはかり、生き残った巨大株式会社は、機関投資家による賭博的な行為を介して無責任体制を維持し、発展した金融資本の下でなおも経済を支配している。人々の間に大きな格差をもたらし、法人という名の無責任にして理不尽な、このような現代の金融経済システムは、まさに「資本主義の病」であろう。

21. 『世界共和国へ』七九〜八〇頁。

22. 『資本主義からの脱却』二六〜三一頁参照。その中でケンプは「世界の金融市場は、投機で生じた負債を具体的な保証なしに別の投機で肩代わりするという、事実上詐欺システムになっている。……世界の繁栄は、……途方もない負債の上に成立した資本主義に依存している」（三〇〜一頁）などと批判し、結果もたらされる資源の枯渇、エコシステムの破壊、公共空間の私物化、貧富の格差拡大、社会的絆の喪失、人間疎外などによる人類の危機を憂い、「資本主義からの脱却」（物質消費の減退、省エネ政策の推進、社会関係の再編成と金持ち増税の所得再分配の政治の実行、知的財産の重視、農業を中心とした協同組合的論理の徹底など）を主張している。なおこの点では、「技術の社会化」「脱・市場競争至上主義」「地産地消」「住民自治と民主主義」「農本主義」「エコ・タウンの形成」「ワーク・シェアリング」「虚の経済（特にヘッジファンドのごとき）から実の経済へ」「競争と共生の並列」を説く内橋克人の主張

（『〈節度の経済学〉の時代』参照）とともに、世界再編への重要な課題となる。

23. 石見は、『グローバル資本主義を考える』（三九頁参照）の中で、経済的格差を縮小させる作用として、「要素価格均等化定理」を取り上げ、労働賦存量が多く賃金の低い貧国では、労働集約的な産業に特化された部門で生産が拡大し労働雇用量が増え労賃が漸増していくが、資本賦存量の多い先進国では、逆のメカニズムが働き、先進国の労賃が低下するなど、貿易それ自体が資本や労働力など各生産要素から生じる所得を均等化するとし、さらにその自由な移動が一層の格差を縮小する、と説いている。ちなみにこのような「定理」は、かつて『新・世界史の哲学』（一七八頁）の中で私が予測した「対等な世界分業体制への収斂」を裏付けるものでもある。

第四章　世界再編に向けて

現代に生きる我々が、覇権争いや抑圧・差別のない民主的で平和な世界を目指すとすれば、現代世界に立ちはだかる国家や資本の大きな壁を乗り越え、世界再編に向けた民主的な動向に積極的に関わっていかなければならない。とはいえ現代世界には、このような関わりを嘲笑うかのような逆行する動向が強まっている。それだけにその意を一層強くする。

なお逆行する動向とは、大国を中心としたたとえば一九世紀初頭の保守反動的なウィーン体制や、大戦後の米ソを軸にした冷戦体制を想起させる動向、さしずめ今日では国家主義的な談合、結束、敵対関係の構築に向けての、中・露を中心とした覇権的な諸国家と自由主義国家内部の国家主義的勢力や独裁的軍政の台頭を指す。とりわけ最近では中・露の、すなわちプーチン独裁政権と急速にアメリカに次ぐ軍産大国となった中国共産党の専制政治による覇権主義的動向が問題となっている。いずれも対内的に徹底した統制をはかり、対外的には覇権拡大を推進し、反動的な世界を扇動（先導）している。そしてこの中・露の動向に合わせるかのように、独裁的専制政治を行う発展途上国が続出し、今や世界に多くの死傷者、難民、絶対的生活困窮者が溢れている。

さらに深刻なのは、この世界の反動化が地球全体をも温暖化や核開発・核戦争による環境の悪化や破壊の脅威を高め、その存続さえも保証できない状態に貶めている点にある。主体の問題との関わり方は個々千差万別ではあるが、各々の言動が少なくとも人類の存続・共生の負託に応えるとしたら、このような現代の放縦な国家権力と資本の支配する世界を変革し、世界全体を再編していく、そのための国連の改革と国際的な民主勢力による大きな流れを形成し、各々がその動向に連帯し、協働していくことが重要となるであろう。

1．世界政治の構図と動向

社会主義圏が崩壊し冷戦が終わりを告げた後、しばらくはアメリカ資本主義「帝国」への一極集中が見られた。が、やがて社会主義計画経済政策を放棄し市場を開放したソ連（露）と中国が、なおも独裁的全体主義政治との縁を保ちつつグローバル資本主義に参入し、再び米・欧に軍事的経済的に対抗しうる勢力として台頭してきた。ワルシャワ条約が解体したが、現在もなお実質共産党独裁の全体主義的先軍政治を行っている中国と、同じく先軍政治を基調に全体主義国家へと回帰しつつあるロシア（独立国家共同体：ＣＩＳ）のいわゆる独裁的政権国家群の東側陣営と、伝統の民主的共和政治システムを継承しなおもＮＡＴＯ勢力内にある英米とＥＵの西側陣営との、二大陣営の敵対的な関係が再び世界諸国家の分断化を招いている。

現代のポスト冷戦世界の構造と動向は、このような冷戦類似の体制が復活するなか、民主と平和を願う多くの人々を絶望的な状態に貶めている。何よりも憂うることは、独裁的で全体主義的ゆえに覇権主義的な中国とロシアの「帝国」が、核兵器を背景に軍事力を拡大させ、ウクライナや南洋諸島および独裁国家北朝鮮などをめぐり、米「帝国」と対立し、冷戦時と変わらぬほどに地球世界「破壊」への緊迫度を高めている点にある。総じて、中・露および米・欧の世界の軍事・資本「帝国」による軍事的経済的対立に基づいた覇権争いや代理戦争が、中東・イスラムやアジアの諸国家をはじめすべての主権国家を巻き込み、世界の分断化支配を推進し、他方各々共和的な国家内においても国家主義的な政治が台頭し保革分断政治が推進され、国家内外において民衆への抑圧、排除、差別、憎悪の渦巻く阿修羅の世界が醸成され、現代世界はまさに混沌とした状況に置かれている。

なおこのような「カオス」に対する危機意識は、「打開」への条件とシナリオを理解し、わずかな可能性にも「期待」を掛け展望を見出す努力を惜しまない者達のみが持ちうる「特権」でもある。状況のわずかな「亀裂」や「綻び」あるいは「猶予」をも明らかにし、いかなる立場にあろうとも間隙をぬって可能なかぎりの対抗措置を講じていく。たとえばロシアと中国の二大「帝国」は、今なお中ソ対立を引きずりそれほど親和的ではないこと。またいずれも非民主的な政治システムが資本主義のさらなる発達の桎梏ともなっており、国家独占資本主義の域内から脱却できないでいること。さらに他の新興国の台頭によって世界勢力が多極化し、大国支配の「世界権力」の構図がしだいに書き換えられつつあること。そして何よりも民主的な政治システムの担保された国民国家が増加傾向にあり、そこでは国権はもとより「世界権力」との対抗世界を構築していく「猶予」が、多くの制約あるなかでなおも確実に形成されていることなど。いずれの状況分析も蓋然的ではあるが、対抗措置を講ずる上で重要な判断ベースとなるであろう。とはいえネオ冷戦的な構造を完全に払拭していくためには、東側のとりわけ二大国、中国とロシアの独裁的全体主義的な体制の変革すなわちラジカルな民主化が最重要課題となる。

そこで民主化という視点から、現代の「世界権力」の中枢を担ってきた欧・米と露（ソ）・中の各々「帝国」内部の動向と覇権の系譜について今一度「国家の歴史」を振り返り、新たな知見や解釈を交え考察を進め、世界再編への可能性を探りたい。

先ず近世ヨーロッパ帝国の覇権は、重商主義的経済とルネッサンスの発達により帝国自らが軍産力を高め、世界覇権を目論む大モンゴルの勢いを退けたところから始まった。しかし世界覇権は、直接大西洋に面していたポルトガルとスペインを先駆けとし、後にオランダ、フランス、イギリスへと及ぶ、ヨーロッパ諸帝国の海外侵出によって拡大されていった。各々諸帝国は大航海に始まる植民地支配と貿易を通してお互いが経済的かつ軍事的な力を蓄え、同時に植民地をめぐっての覇権争奪に及んだ。そのなかで奴隷貿易により莫大な利潤を得たイギリスが、産業革命により最強国家となり、スペイン艦隊の撃沈や英蘭戦争、さらには北アメリカでの対仏勝利などを通して世界の覇者となった。ちなみに対仏勝利を刻印した一七六三年のパリ条約は、その意味では象徴的なイヴェントとなった。

イギリスが「近世帝国」として世界の実質的な覇者となりえた要因は、国内での革命すなわち産業・科学技術革命と市民革命の勃興にあった。すなわち前者は、植民地主義貿易による資本蓄積と、農業革命による工業労働力の創出、近代製鉄法や綿工業の機械化、さらには蒸気機関や輸送機関の改良などの動力や交通の革命などと相俟って工業化を推進させ、世界に先駆け利潤が利潤を生む資本主義生産様式を誕生させたことに尽き、そして後者は、経済振興の担い手となった中産階級が中心となりピューリタン革命を興し、絶対王政を倒し非君主共和政による議会政治を行ったことに端を発する。なお市民革命については、革命独立派が軍事独裁により、ラジカルな民主制（普通選挙の実施・信仰の自由・貧民解放など）を主張した革命水平派（真正含む）を弾圧し、対外的にはアイルランドやスコットランドを征服するなど、その野蛮なやり方が反発を生んだ。結果王政が復活することになったが、しかし後の名誉革命を経て世界に先駆け、安定した国民国家の礎を築いた。

ところでイギリス本国の絶対王制の圧政を、国内革命によって打破するのではなく、植民地・北アメリカへの自由を求めての逃亡や移住によって回避したのが、現アメリカ人の先祖達であった。後にかれらはワシントンを総司令官として本国からの独立革命（戦争）を遂行したが、しかしその勝利は反権力の独裁化や王権との妥協といった同じ轍を踏むことはなかった。その主要な要因としては、思想的にはピューリタン革命時の水平派の主張に近い民主主義的な自覚が植民地のクレオール達に共有されていたのではないかと考えられるが、しかし何よりもかれらを中心とした同郷的な民衆のナショナリズムの高まりが最も大きく作用したものと言えよう。いずれにせよ人民主権の共和政を確立させたアメリカ植民地のクレオール達は、独立宣言後も連邦主義をとる一方で各々一五州の自治をも大幅に認め、また立憲政治の下で三権分立を採用し、権力の集中を回避し、ラジカルな民主化を推進していった。

君主政の「影」を一切払拭した一九世紀前半のアメリカ・デモクラシーは、トクヴィルも慨嘆したように当時世界で最も民主化の進んだ社会として映った。なお独立戦争での英国の敗戦により締結された、一七八三年の二度目のパリ条約は、同英国民からの「アメリカ」の独立承認という、さらにまた世界覇権国としての頂点がイギリスからアメリカへと移っていくモニュメントになるという、まさに屈辱的で皮肉な結果となった。

アメリカのデモクラシーは民主的で共和主義的ではあったが、しかし当初よりヨーロッパ出自の植民地主義的覇権主義の伝統をも継承していた。大陸内部において政府が西部を「開拓」する一方で、南部を中心に綿花栽培の労働力として長い間奴隷貿易を行っていた。それでも北部の急速な工業化の発達と道義的な観点から、後に共和党（リンカーン）が南部の奴隷制解放を宣言し、南北戦争を勝利し合衆国としての再統一を果した。なおこの奴隷制解放に対して、共和党が積極的に支持し民主党が反対するかそれとも消極的に支持するか、いずれにしてもそこでは現在の両党の逆転現象が見られた。それは皮肉な現象というよりも、ギリシャ・アテネの奴隷制を前提とした貴族主義的民主制由来のアメリカのデモクラシーの本質を、同時に奴隷制貿易だけではなく、ネイティヴ・アメリカンに対する抑圧・差別や女性差別（女性参政権が一九二〇年になるまで認められなかった）など、その限界を物語るものであった。

第一次世界大戦後の一九二〇年代のアメリカは、大企業中心に株式ブームに便乗し、大量生産・大量消費による「永遠の繁栄の時代」を迎え、経済や生活様式の向上とともに一〇年代からの移民がさらに増加し、いわゆる世界に冠たる多民族「世界国家」の様相を呈していた。二九年の株価の大暴落も乗り切り、独占資本による生産性向上へのブレーキもレーガンの新自由主義に基づく規制緩和政策によって乗り越え、さらにクリントンのＩＴを中心とした金融政策の推進により、米国中心のグローバル金融資本主義社会が誕生した。他方冷戦を経てアメリカは核開発を軸に軍事体制を強化し、ＮＡＴＯなど西側諸国の軍事主導権を掌握し、「世界警察」を偽装した国益中心の海外派兵とともに、しだいに帝国主義国家の様相をも呈するようになっていった。

このようなアメリカの民主主義、資本主義、帝国主義のトリプル・スタンダードを軸とした世界化構造はまさに「世界政府」の威厳を示し、国連を始め、世界銀行、ＩＭＦ、ＷＴＯなどの世界機構の一切を国内に創設し引き寄せることになった。だがこのトリプル・スタンダードは、往々相克的な関係にあり、見かけ相補的な存立は、アメリカのプラグマティックな功利主義による妥協や折衷によってのみ支えられているにすぎない。それは、「民主主義」を民主化として総体的かつ動的な過程としてとらえず、ヘーゲル由来の進歩主義史観に基づき世界のアメリカナイズを唱える思想家が讃えられることにも通ずる。

放任的独占金融資本主義と帝国主義的軍産体質に支えられ、政教分離に立脚しつつもいまだに聖書に手を翳し大統領就任宣言をする、さらに大統領による「恩赦」の非合理性を問わない、かかるアメリカのデモクラシーとは一体。近年金融資産家にして、差別政策と閉鎖主義を掲げ大統領になった国家主義者トランプの登場は、まさに今日のアメリカ民主主義の限界と退廃を象徴している。とはいえ欧・米には伝統の人民主権と三権分立に基づく民主的なシステムが根付いており、なおもリベラルなデモクラシーが庶民の自由な生活を支えている。しかし大国中国とロシアには、民主的な自由は資本主義的市場の経済面にのみ限定的であり、政治的な面では独裁的な統制が貫徹し、まさに硬直した極限的な社会状況を呈している。そこで次にこの中国とロシアの現代史について概観しておこう。

一九八二年に中国共産党は、「走資派」鄧小平を中心に人民公社解体・対外開放政策を皮切りに、実質一党独裁体制を堅持したままでグローバル資本主義に参入した。外国からの外貨と技術を中国に積極的に取り入れ、企業の独立採算制による資本主義的自由化を進めた。しだいに輸出入が拡大化し、国内のインフラ整備によりますます農業・工業とも生産性が高まり、多くの矛盾やひずみを抱えつつも資本主義が急速に発達していった。今日のGDPの向上と各都市の高層ビルの乱立する大都市化はその象徴とも言えよう。しかしそこには資本の論理に由来する環境汚染や耕地の砂漠化さらには格差拡大などの問題が発生した。他方毛沢東以来の人権や民主的な感覚の希薄な独裁的な共産党は、対内的には香港や新疆ウイグル自治区に対する弾圧を続け、全体主義的な政治支配を遂行し、対外的には台湾の威嚇をはじめヴェトナム侵攻など覇権拡大路線をとるようになっていった。

なお毛沢東・共産党に巣くう教条的で独裁的な政治に対しては、党内の周恩来を始め、とりわけ胡耀邦と趙紫陽の民主的な政治家達に呼応するかたちで、天安門で二度の民主化要求の運動が起こった。一度目は一九七六年四月五日。毛沢東や毛派すなわち林彪さらには江青達「四人組」を中心に遂行されたプロレタリア文化大革命（一九六六年以後一〇年に渡る、「走資派」「民主派」に対抗するクーデター）に対し、周恩来を追悼する多くの市民・学生によって行われた批判運動である。二度目は、一九八九年六月四日に胡耀邦の死去を発端に同様の運動が発生した。いずれも多くの学生達による大規模でラジカルな民主化運動であったが、武力で弾圧された。このときの学生達を戦車で踏み潰す当局の残忍な映像は世界各国に流され、非難を浴びた（著者もこの惨劇を前に怒り心頭に発した）。

このような中国共産党の独裁的で野蛮な体質は、今日に至るも一向に改まることなく、習近平（主席）政権誕生以降むしろ増大し、返還〈一九九七年：英から〉後の香港の民主化運動に関わる運動家や弁護士達は監視され抑圧され続けている。共産党政権は、これまで「走資派」の経済の自由を容認することで、高度経済成長を成し遂げ軍産的大国になることができた。がしかしかれらは「民主派」の要求を切り捨てることで対外的には国家間の信頼を喪失しグローバル資本主義の発達に自らブレーキをかけ、また国内的にも国家の「要人」と大企業家との癒着や国民間の格差拡大および環境問題に充分に対応できず、ただこの「行き詰まり」を国家主義的な経済的かつ軍事的覇権によって隠蔽し、国民の批判をかわそうとしているにすぎない。

現代中国と同じような政治経済的動向は、ソ連・ロシアにおいても見られる。ただしソ連からロシアへの体制移行は、中国のように経済的な面だけではなく、民主的選挙制度の導入など政治的なシステムの転換をも伴っていた。とはいえそれが社会的なラジカルな発展につながったわけではない。ロシアは、中国共産党のような実質一党独裁体制ではなく大統領直接選挙制をとっているが、大統領の権限が圧倒的に強くしかも三権分立が十全に機能せず、結局中国と同様、しだいに独裁的全体主義的な様相を強めることになった。

ゴルバチョフ政権による情報公開（グラスノスチ）と市場経済の導入（ペレストロイカ）は、統制社会から自由で民主的な社会への旅立ちを知らせるものだった（一九八五年）。しかし社会主義体制を維持したままでの改革は失敗に終わり、実業家エリツィンのクーデター（一九九三年）によりゴルバチョフ政権は失脚した。エリツィンは自らが大統領となり新たに「共和」政権を立ち上げ、資本のさらなる開放を進めたが、政治面ではむしろ国家統制的体質を強め、大統領の圧倒的な権限を認容する新憲法を制定した。以後独裁的な体質や政治が継承され、プーチン政権に移りスターリン的な統制的暴力的な体質が復活し、全体主義的な国家体制へと後退していった。なおこの「逆行」は、くしくもプーチンがかつてソ連の軍事的統制機関であったKGB（国家保安委員会）の忠実なケースオフィサーであり、その踏襲でもある現ロシアの、圧倒的な軍事的支配を有するFSBの実質的な統率者である、という点からも理解できるであろう。

かつてソ連は、特にスターリン政権においてKGB指導の下で、国内的には多くの政権批判者や反体制知識人を粛清・抑圧し、対外的にはポーランド、ハンガリー、チェコスロバキアなどの東ヨーロッパ諸国内の民主化運動を抑圧するために軍事介入した。その後もアフガニスタンに軍事介入し、新ロシアとなってからもチェチェンを繰り返し攻撃し、最近ではウクライナに軍事介入しクリミアを併合するなど、その覇権的体質は受け継がれている。国内的にも特にプーチン政権以降のロシアでは、彼の管轄するFSB主導の下、政府の他国への軍事介入を批判する反政府リーダー達を逮捕、殺害するなど、抑圧してきた。近年、秘密警察の跋扈、不正選挙、脅迫、汚職が渦巻くプーチンの独裁的統治システムに対し、ロシア反政府デモがモスクワで大規模に行われた（二〇一一年）が、中国の天安門事件同様に、リーダー達が逮捕され、抑圧され、完膚なきまでに踏みつぶされた。

中国（共産党）にせよソ連・ロシアにせよ、結局いずれも支配権力を維持したままで、グローバル資本主義への門戸開放に踏み切り、軍産的な国力の増進をはかったにすぎない。経済の自由化および資本の開放が、全般的平均的な国民の所得および生活水準をいくらか高めたが、同時に賃金・資産の格差を菱形状に拡大させた。また政権が巨大化した大資本や財閥と結託し利益の大部分を自らに引き寄せ支配権力を一層強固にすることで、中央集権的かつ全体主義的な体制を維持し、底辺に及ぶ大多数の国民の意識〈世論〉をもっぱら抑圧あるいは誘導し反民主的かつ国家主義的な社会体制を築いてきたのだ。

現代世界には、非民主的で軍事的支配の突出した中国やロシアの覇権大国および北朝鮮やベラルーシやアゼルバイジャンなどの独裁国家が存在するが、反対に非軍事的で民主的なシステムの浸透しているマレーシアやコスタリカなどの国家も存在する。一方中東・イスラム諸国家にあっては、その多くが「世界権力」に翻弄され、また前近代的な宗教や民族主義によって幾重にも束縛され、絶えざる紛争の檻に閉じ込められたままである。十字軍遠征に対する抵抗を皮切りにヨーロッパ・キリスト教世界と対峙してきたイスラム世界は、今ではイスラム教内の宗派対立に民族主義的および政治的な対立が加わり、まさに混沌たる状況にある。ユダヤ教を奉ずるイスラエルとイスラム教を奉じるパレスチナとの領土をめぐる軍事衝突、イスラム教徒どうしの主としてスンニー派とシーア派の間の宗派抗争、アルカイダ、タリバン、「イスラム国」のようなイスラム過激派達のグローバルなテロ行為、さらにシリアでの独裁政権と民主派を中心とした陣営の間の戦い、それに大国米・露の干渉が加わり、中東は今もなお光の見えない「世界の火薬庫」となっている。

2．ポスト国家資本主義社会

国家が資本とタッグを組んだ現代の国家資本主義社会は、政権の国家主義化が資本のグローバル化を牽制し、その先の社会を不透明にしている。何よりも独裁的覇権国家と賭博的金融資本との結託した世界跳梁が暗雲を漂わせているのだ。そこでは覇権国家の主権を牛耳る独裁権力者達が、莫大なグローバル金融資産を占有し、他国の企業を買収しあるいは紐付き資本や技術を提供することによって実質的な他国支配に及び、同時に大衆の貧困の拡大を尻目に自らの資産増大に心を砕いている、そんな醜悪な構図が垣間見られる。しかし国民国家であっても、政財界の癒着は常につきまとい、特に民主化の進んでいない国家の権力者達の行状は、独裁国家の構図とさほど変わらない。なおこの点について、これまでの政治の民主化とは異なる「経済の民主化」の視点から改めてアプローチしていこう。

前章でカンプの賭博的資本に対する批判を取り上げたが、彼の言説の痛烈さは、次の「腐敗堕落と非合法取引の経済活動がタックスヘイブンを通過している送金額の大きさ—銀行の国際取引の半分に相当する—でその規模の大きさが分かる巨大なマクロ経済的ファクターを形成しようとしている。これらの富は、それを生み出した大衆のものではなくなっているのだが、これを使えばエコロジーの危機に対処し社会的不平等を軽減するために必要な政策が進められるだけの原質なのである」[1]という言葉によく窺える。現代のグローバル金融資本主義社会に見られる価格操作、犯罪マネーロンダリング、リベートスキャンダル、不正売買や市場操作などの腐敗堕落と非合法的な取引がもたらす、富の拡大と再分配の不公正に対して、彼は痛烈に批判したのだ。そのキーポイントは、繰り返し指摘したように、犯罪賭博の負の現象を現代金融資本主義の副次的なものとしてではなく、「資本の自由」に立脚するシステムの本質的特性であるとみなした点にある。結局「資本の自由」とは資本の論理に順ずることを意味し、彼の「エコロジー」に対する牧歌的な言及は気になるとしても、資本主義の本質を突いたこのような所論は、現在の金融世界資本主義社会を批判する多くの識者達と共有するものである。

資本主義の暴走を批判するR・ライシュも、現代の金融資本主義を「超資本主義」と呼び、「経済成長による収益の大部分が一握りの最富裕層に向かい、経済格差の拡大、雇用不安の増大、地域社会の不安定化や消失、環境悪化、海外における人権侵害、商品、サービスの過剰な氾濫を起こした[2]」と批判し、さらに超資本主義社会における過剰、腐敗、不条理を呼び込む資本の論理に対する民主的制御いわば「経済の民主化」の必要性を訴えた。すなわち経済に対する民主政治による対応の強化である。ところで彼は、会社を法的擬制にして契約書の束以外の何ものでもない「モノ」として見立て、生身の人間のみが政治的権利を持ち、民主的な意思決定のプロセスに参加することが許容され同時に責任も問われると理解した。ゆえに一切の政治的権利のない企業による、たとえば要職選挙のための献金、寄贈、接待パーティなどの一切が禁止され[3]、「企業責任」の追及ではなく公的な規制こそが重視されるべきと主張する。

ただ経営主体が会社（企業）にあるとすれば、責任の追及は、会社という「法人」に向けることも可能ではないだろうか。そもそも「会社」とは、私流に解釈すれば、モノでも人でもあり、その点では、「法人」という解釈には理あり、個々人に対すると同様に、会社に対しても「企業責任」を問い「刑事罰」を課すことさえも可能となる。つまりCEOから取締役会会員に対する「累進責任」を問えるということ。しかしライシュの観点からしても「連帯責任」を問うことが可能であり、ということは両者の見解には会社に対するとらえ方の相違があるが、民主的な法律に基づき企業に公的規制をかけあるいは責任を問うというスタンスに関しては、大きな差異があるわけではない。

R・サローは、民主的規制を一歩進めて「民主主義は常に、平等をもたらすために不平等の拡大を防ぐべく、種々の制度によって市場に「介入」する必要に迫られている」と述べ、平等な分配の必要性を強調する。[4]「経済の民主化」をより鮮明にする主張ではあるが、しかし以上の民主主義的規制や介入の強化は、社会主義的独裁の弊害を伴わないにしても、それだけでは根本的な解決にはつながらない。その点では柴田徳太郎の提言は、[5]会社全体の仕組みの変革を促しより革新的でラジカルである。柴田もまた資本主義の暴走を憂え、国家の累進課税の引き上げを中心とした財政・福祉政策および国際的な融資制度拡充などによる金融・通貨制度の安定化と公正化、また市場中心の自由放任・利己主義の規制強化を訴える。しかし彼は予定調和的道徳観や「私的所有」の神聖化、そして「株主」主権の「資産略奪型」の企業システム自体を否定し、「従業員主権」によるM&A審査委員会や企業議会の設置による民主的なステーク・ホルダー社会（社員が出資者となり、会社の所有者となるネオ合資会社を中心とした社会）へのラジカルな改革を提言する。

株式資本主義が生産性を格段に向上させ、貧富の格差を拡大させつつも、全般的には国民生活に物質的な豊かさと生活の利便性そして多くの選択肢と自由を与えてきた。かつての多くの植民地国や低開発国も今では、とりわけ都市部は外観上高層マンションが立ち並び交通機関などのインフラが整備され、さらに世界の隅々に情報・通信のハイテク技術が行き渡り、流通、労働、消費、福祉、教育、医療さらには文化と、あらゆる面で少なくとも表面的には発展の姿を見せている。なおそこには資本の自由と公正な分配という基本的な理念がはたらいていた。

「経済の民主化」は、株式資本主義への社会主義的方法の導入を以て始まり、それはサービスと効率をモットーに経済的自由を重視する資本の論理に、規制とコントロールをモットーに経済的平等を重視する国家の論理を導入する、すなわち前者の格差拡大を導く放縦性を、後者の分配の公平性を以て克服する政策である。とはいえそこでは、後者の及ぼす強度と範囲の大きさしだいでは、前者のサービスと効率が低下し、むしろ民主化の大きな壁となる。その端的な例が社会主義国家で見られるが、しかしグローバル資本主義の世界にあって、すでに純粋な社会主義国家は存在せず、すべてが資本と国家の論理を一定の比率で貫徹する、多様な資本主義国家として存立している。すなわち世界は国家資本主義社会として成立しているのである。

資本主義国家であっても、資本（企業）の国営化は国家官僚や国家公務員達の怠惰・威圧・横暴によるサービス精神の劣化を招き、生産性を低下させ、結果「民営」化が必当然となってくる。とはいえ生産性向上のみに特化した公的規制の緩和は、自由な起業や取引を活発化させるよりはるかに、放任資本主義すなわち金融の放縦性の下で社会全体の賃金・資産の格差拡大や経済的政治的な腐敗堕落、公害・環境破壊などをもたらすことになる。いずれにしてもこのような国家と資本の間の論理的ジレンマの中で、今日の国家資本主義は、末期的金融資本主義の時代に遭遇しているのである。

ポスト国家資本主義社会が希望ある社会であるためにはしたがって、政治の民主化とともに、「経済の民主化」による金融資本の賭博性の克服、そのための強力な「公的規制」と企業（会社）システムの再編・変革が必須のメルクマールとなってくるであろう。以下要約をかねて、その参考となるいくつかの対応策をランダムに挙げておこう。

1. 格差拡大を防ぐための、累進課税の引き上げ（法人税も含む）と再分配アップによる福祉の充実。
2. 腐敗堕落を防ぐための、規制の主体・内容・方法・範囲などの明確化と民主的な運営を踏まえた上での規制の強化。規制緩和イコール放任主義にならないような証券取引委員会の規制強化、ヘッジファンドの非合法化などの、ラジカルな措置と対応。
3. 派遣労働をなくし、労働者が同等に働ける企業内環境の改革・整備。ダウンサイジングによる末端労働者の排除の発生しない、ワーク・シェアリングのシステムの採用。
4. コーポレート・ガバナンスの再編すなわち大株主にして経営トップ（CEO）による経営主導を排し、会社内民主化と法人（モノであり人である）の理念に基づいた、経営責任者・労働組合代表・投資家・下請け企業代表など関係者による審査委員会および企業議会の設置。株主主権の廃止によるステーク・ホルダー社会の実現と、自己資本中心の中小企業への支援強化。
5. 消費中心主義と訣別し生産と消費とのバランスを踏まえつつ、短期的な資本に惑わされることのない長期的視野に立脚した、とりわけ人的資本（頭脳、技能、教育、医療など）への投資を重視した総合的な観点・政策の構築。
6. 農業重視の地産地消型の経済の重視と、資本の論理に対抗する協同組合的な論理に立脚したエコ重視の産業連鎖の街づくりの実現。

7. 医療・教育・生死に関わる領域の公共化（教育産業、医薬産業、生命保険業、葬儀業、闇の臓器売買やゲノム編集業などの、改編、規制、解体、無料化、摘発など。なお国民皆保険制度による「共済」という疑似公共性の「維持」とからのステップアップ）。

8. 公正で平等な選挙が実施されるよう、選挙時の公的資金の活用と、献金、寄贈、接待パーティ、売名行為などの禁止。

9. 巨大株式会社中心の企業形態を改め、多様な中・小企業や会社さらにはＮＰＯ（非営利企業）などが活躍できる社会への改編。

10. 賭博性の強い営業や職種に対する規制強化および廃止。生活保護制度の見直しと、ベーシックインカム制度導入の検討。

11. グローバル資本主義の調整と管理を任された国連、ＩＭＦ、世界銀行、ＷＴＯによる貧国・貧者への直接的援助、先進諸国中心の自由市場経済および規制緩和の抑制。地場産業と環境保護のための補助と規制強化。現在ＯＥＣＤで議論されているＭＡＩによる多国籍企業投資の自由化（九五年〜）に反対。[6]

12. 国連ミレニアムサミット（二〇〇〇年）、ドーハ・ラウンド（〇一年）、主要国サミット（〇五年）などを契機に公正な国際金融制度を構築し、途上国に対しては絶対的貧困や飢餓の撲滅、臓器売買と売春の禁止と防止、農業の保護と生産性の向上、資金や技術の援助とインフラ整備、武器輸出の制限、債務削減などの施策を、国際機関と共和主義的な先進諸国政府さらには国際的人民主権に根ざしたNGOなどと連携して進めていくこと。

さて以上の項目に従い「経済の民主化」を推進していくためには、世界政治の民主化が大前提および必須条件となってくる。ところがこの数十年間において世界は、資源ナショナリズムを掲げる中東の石油産出国や、豊富な労働力と大きな国土を擁し生産技術力や生産力の向上により急速に経済成長を遂げた中国、インド、ブラジルなどの新興国が台頭するなかで、特に前節で問題視した、アメリカに次ぐ軍産「帝国」となり軍拡と「一帯一路」政策により政治経済的な世界戦略を展開する中国が、世界のみならず宇宙にまで新たな覇権争いを繰り広げ、大国ロシアとともに独裁政治を強め、国家内外に覇権支配の世界を構築しようとしている。このような誤った世界の国家主義的動向を封じこめ、各々自治の尊重と国際的な協調に基づき、公正で平等な政治と経済の社会をいかに構築していくかが、現代を生きる我々にとっての重要な課題となってくる。

資本主義とは、より多くの利益を得るために投資という名の「賭博」を以て、拡大再生産を促しひたすら利潤追求を目指す、ある種欲望をエンジンとした自動機械である。しかしこの自動性は、たんに欲望機械的にではなく、同時にその「行き詰まり」を人的知性、技術、能力によって回避する社会性においてそうであったことに留意しなければならない。それは労働、生産、流通、消費に及ぶ経済過程全体の循環性において、社会保障や福祉による利益の「市民」への還元や配分、水質・大気汚染などに対する公害対策など、資本主義的諸限界・諸矛盾を適切な社会的対応や技術革新によって人為的に乗り越えることで維持されてきたのである。

だが今この社会的対応や技術的な対策を超える危機が問題となってきている。一八世紀の産業革命以降、産業資本主義の時代から現代の重工業やＩＴ産業を中心とした国家金融資本主義社会に至る過程において、その副産物としての多くの人体を害するいわゆる「公害」がもたらされた。当初それは、先進工業国にのみ付随する副産物として、個々の国家内レベルで生産調整や省エネ技術の革新、規制の強化や補償といったかたちでおおむね社会的に解決できていた。しかし二〇世紀の新興国の台頭と石油・石炭を中心とした化石燃料の大量消費の時代を迎え、温室効果ガスや核などによるグローバルな脅威、すなわち一国家内で解決できない地球規模の「公害」が顕在化してきた。にもかかわらずいずれの国家も、未だに「国益」にのみこだわり、政府はたとえばＧＤＰのごとき目先のあるいは見かけの数値的な目標を掲げ、国家経済成長戦略などと「国民一般」の歓心（票）を買うことに余念がなく、グローバルな課題に消極的であった。

頼みの綱でもある「科学者」達もまた、相も変わらず「純粋科学」という特権的な砦および枠組みの中で、自然科学的な実証性や数理統計学的なデータを以て各々の知の「常識」を打ち立て、自らの政治経済的な立場やバックグラウンドを反省し検証するスタンスを軽視・排除することで、お互いが自らの「科学」の純粋性を担保し、解釈や見解の正当性を主張し合ってきた。結果多様な知的かつ情動的な憶測が飛び交うなか、事象に対する正否の判断や評価を困難にし、皮肉にも「純粋科学」の信頼性を損なってきた。とりわけ地球環境問題に関わる気候科学は、未来予測に重心がかかるだけに、「科学者」の間にしばしば真逆の解釈や見解さえ生まれる。未来予測の決定的な問いに対する科学者達の評価が分かれるとすれば、「問題」に対する一貫した態度あるいは対応策がとれない。とすれば科学もまた、ノストラダムスの予言と同レベルに留まらざるをえないことになろう。

現代社会の「公共」的な問題は、これまでの因果関係の明らかな一国的な「公害」問題とは異なり、特に社会や国家のグローバルな面に関わる、したがって時空的スパンの大きな問題に関わることでその評価、解釈そして判断に蓋然性が避けられず、「純粋科学」者達の間で大きな齟齬や相違を生むことにもなる。そもそも細分化され専門分化された「純粋科学」の領域からのみグローバルな問題の決定的な評価にコミットすることには、限界がある。「狼少年」か、それともシニシズム的な解釈か、いずれにしても否定的な賭けに従うような事態を避けるためにも、諸科学においてグローバルな問題に対応しうるグローバルな観点やアプローチの能力を養っておかなければならない。

要請される科学的なスタンスはしたがって、より大きな合理性に基づいた社会科学的知（智）性、すなわち隣接科学をも含めた実証的、統計的、かつ地平的、横断的、総合的な理解、判断、認識である。以上の点に留意し、現在最もグローバルな課題となっている「地球温暖化」をめぐる論争について考えてみたい。

3．地球温暖化論争を越えて

地球温暖化とは、一九世紀の産業革命以来の人為的な営為が地球全体の温室効果を高め、無為のままでは近未来に必ずやグローバルな自然破壊が発生するという、現代の自然科学による判断、解釈、推測に基づいてクローズアップされてきた問題である。だがこの問題意識には当初より、J・ラヴロックが『ガイアの科学─地球生命圏』で指摘する、人類が環境汚染という「悪業」をなしてきたために、現在我々は「神の創造した」地球すなわち「ガイア（大地）」に対する復讐に遭遇しているといった、キリスト教的なすなわちヨーロッパ出自の宗教的倫理が科学的まなざしを誘発したという「限界」をはらんでいた。

ラヴロックの地球の生物、大気、海洋そして地表は、単一の有機体としてみなしてよい複雑なシステムをなし、地球を生命にふさわしい場所として保つ能力をそなえているといったいわゆるガイア仮説（一九六〇年代：前掲書一一頁参照）。そこには地球全体が本来アプリオリ（有機生命的かつ神的）に調和されているという信念、すなわちこの彼のアプリオリな楽天的な仮説には、単なる一面的かつ偶然なるバランスを俯瞰的全面的必然的な調和に摩り替えるという信仰のなせるトリックがはたらいていた。とはいえ彼の科学的態度には、観念性や党派性に陥ることのない冷静さも宿っていた。

ラヴロックの言う「ガイア（大地）」とは、彼の考えがE・ラズローの「地球生命系の自己調節能力」説の基にもなったように、たんなる神的および擬人的レトリックではなく、生命に最適な物理化学的環境を追求する一つの機械的なフィードバックおよびサイバネティックなシステムをなす「総体」であった。して倫理的な「善行」はこの有機的総体としての「地球生命圏」および有機的な社会的総体の自動調節機能の回復を、具体的には一方向性を排した、重工業的な技術ならぬアプロプリエイト・テクノロジー（ソフト・エネルギーパスなど）の利用を、また国家主義ならぬ民主的な「生き物の共同体」の創設を目指すことになる。このような彼の自然の調和、疎外、回復という倫理的かつ論理的な構図および理解は、オゾン層破壊や地球温暖化などにおける人為的な要因や影響をクローズアップさせ、温暖化研究者をして実証的な研究へと向かわせたのである。

一九五八年にC・キーリングが世界で初めて定期的に大気中の二酸化炭素濃度を測定（マウナロア山頂にて）し、その測定値曲線（〜二〇一三年）の上昇トレンドの大きな勾配（蓄積の速さ）が多くの識者を驚嘆させた。一方一九六七年に真鍋淑郎は、二酸化炭素が二倍になると気温が2・3℃上昇することを検証した。そのようななか八八年に国連の世界気象機関（WMO）と国連環境計画（UNEP）が発足し、「諮問」機関としてIPCC（気候変動に関する政府間パネル）が設立された。IPCCの役割は、当初より人間活動による気候変動の危険性と影響、してその適応と軽減法（緩和策）の把握に役立つ科学、技術、社会経済情報を、公開性と透明性の下で客観的かつ包括的に評価することにあった。五〜六年ごとに報告書が提出され、その評価はある意味権威ある世界基準となった。とはいえ報告書は検証および測定方法などの発達や研究成果の蓄積とともに、つねに更新される。ゆえに内容は第一次二次の報告書よりも第三次報告書のほうがより精確なものとなる。なおM・マンによる第三次報告書の、産業革命後の特に一九五〇年頃からの気温の急上昇を示した「ホッケースティックス曲線」（二〇〇一年）[7]は、いわゆるキーリング曲線の二酸化炭素濃度の上昇トレンドと相関することを立証し、改めて「地球温暖化」問題を世界にクローズアップさせることになった。しかし同時にR・リンゼンやS・マッキンタイアなど温暖化懐疑論者達により、たとえば「中世温暖期と小氷期が消えた」（対第一次報告書）から始まり、「スティック」曲線自体が作為的だとかいった非難のターゲットともなった。

ＩＰＣＣの目標はしかし、あくまでも温暖化ガスの人為的排出量と自然吸収量のプライマリー・バランスを回復することにあった。その目標に従い、新たに三次報告書の成果を踏まえ、二一〇〇年までに気温上昇を二度までに抑えること、そのために二〇五〇年の温暖化ガス排出量を五〇％削減して、四五〇ＰＰｍで安定化させることが掲げられた。この達成にはそれなりの自信があった。それはすでにグローバルなもう一つの「公害」を国際的な提携によって見事に克服できたという実績があったからだ。かつてＳ・ローランドとＭ・モリナが、フロンガス：ＣＦＣが大気上空へ上昇し太陽によって破壊され塩素を発生し、それが成層圏で太陽の最も危険な紫外線から守ってくれているオゾンと混淆することで、脆い成層に穴をあけ、紫外線を直接地表に差し込ませ動植物の健康を害し、皮膚がんや視力障害を引き起こすことを指摘した。実際に一九八四年に南極上空のオゾン層に穴が発見されると、かれらの指摘に従い一九八七年にモントリオール議定書が調印され、各国への厳しい規制がかけられた。結果ＣＦＣの生産が激減し、オゾン層が回復した。この成功体験が、国際社会および気候科学者達をして地球温暖化の元凶である温室ガス、なかでもその主要なガスである二酸化炭素の抑制・削減に向かわせた。とはいえＣＦＣとは異なり、化石燃料の生産と消費は世界経済全体に関わるだけに、開発推進派と環境保護派、すなわち二酸化炭素削減に対する反対（懐疑）派と推進派との間の攻防が発生し、目標遂行に明らかな困難をともなった。

アメリカ民主党のアル・ゴアもまた、ＩＰＣＣの第三次報告書やＲ・トンプソンによる急激な気温上昇のデータをキーリング曲線と関連づけ、進行中の地球規模の自然破壊の原因を二酸化炭素急増に伴う温暖化と断定し、その「真実」を世界にアピールした。彼は後に副大統領となり、二酸化炭素削減の必要性を世界に訴え、京都議定書（二〇〇五年に発効）の作成にも関わり、世界各国にその義務化を要請した。しかし世界最大の二酸化炭素排出国であった自国アメリカで、政権が民主党から共和党に移り、化石燃料関連の大企業に支持されたブッシュ政権が誕生するやいなや、かれらにとって目の上のたんこぶでしかなかった京都議定書の批准が拒否されてしまった（ただし州によって批准しているところもある）。さらに新興工業国中国やオーストラリアが相次いで調印を拒否し、当初より足並みが揃わなかった。国際連盟設立に寄与したウィルソン首相同様、ゴアは皮肉な結果を背負わされることになったが、それでも二〇〇六、七年にはセンセーショナルな『不都合な真実』の著書を世に送り出しさらに映画化するなど、地球温暖化への警鐘を鳴らし続けた。

周知のように、ゴアの『不都合な真実』はメディアを介し世界に大きなインパクトを与え、「ホッケースティック」曲線を始め、いわゆる「気候科学」の「真実」をめぐる論争をさらにヒートアップさせた。問題はしかし、当初よりゴアの側にもあった。すなわち彼の著書が世界に大きなインパクトを与えた要因には、ラヴロック同様、彼の実証的な統計データに裏付けられた科学的信頼性以上に、地球上のあらゆる「災い」を「悪徳」の結果（二酸化炭素の排出と温暖化）に還元する道徳的な判断に基づき、「真の〝地球の非常事態〟」「人類の文明史上最悪の破滅的事態」と訴える、まさに扇情的な言説スタイルにあった。[8] ゆえに彼は、懐疑論者からは「狼少年」と揶揄され、彼の「科学的予測」はたんなる「黙示録」とみなされた。だが彼の科学的根拠が大きく覆されたわけではない。

ちなみにその内容は、地球温暖化により北極の氷がこの四〇年間で四〇%縮小し、今後五〇〜七〇年で北極が消滅し、海面が六m上昇する。結果太平洋の島々が水没し、ヨーロッパが氷河期に突入する。また大干ばつによる世界の水不足、砂漠化による環境難民や飢餓難民の増大、熱帯低気圧の総エネルギーの増大はハリケーンや台風および竜巻や突風の増加・増大などの異常気象を発生させる。鳥インフルエンザやSARSのようなウイルスにより奇病の発生や各種生物の危機・絶滅に及ぶ。また海水温の上昇や永久凍土の溶解・塩分濃度の低下、二酸化炭素の吸収増大による海水酸性度の上昇に伴いサンゴ礁が白化し消滅する。……すなわち地球温暖化があらゆる自然災害の元凶となる、というもの。

最近のオーストラリア大陸のおよそ三分の一をも焼き尽くす大火（二〇一九〜二〇年）や南極で初の二〇度超え（二〇二〇年二月）、さらには今日（二〇二〇年三月〜：後章で詳論）の新型コロナによるパンデミックに見られるような感染の大流行などに遭遇するにつけ、自然の脅威にたじろがざるをえないと同時に、ゴアの予測をも決して軽視してはならないと思う。J・ハンセン（NASA・宇宙研究所）の「事態が差し迫っているのは、気候の転換点がすぐ近くまで来ているからだ。この転換点を越えると、気候のダイナミクスが急激な変化を引き起こし、人間の力ではどうにもできなくなる可能性がある」[9]という言葉が身に迫ってくる。というのもその要因が自動的増幅性、すなわち一連の、たとえば二酸化炭素の増加→温暖化→水蒸気の増加→温暖化の増幅→海からの二酸化炭素の放出→大気中二酸化炭素の増加といった速い反応と、温暖化→北極の海水の消失→氷床や氷河の融解→ツンドラ融解に伴う氷結したメタンの放出→温暖化の増幅などの遅い反応に見られる、二重の「増幅型（正）のフィードバック」の脅威にあるからだ。

ハンセンは、気候が特定の強制作用（Ｗ）に対してどの程度応答するかを表す、具体的にたとえば二酸化炭素濃度倍増による気温の上昇度を示す「気候感度」（Ｊ・チャーニー）に基づき、ゴアよりも精度を上げ地球温暖化の危機に迫る。なおその値は、モデル上は、地球から宇宙空間への熱放射の約４Ｗ／㎡減少を踏まえ、熱力学（プランク）の法則からその補塡のための回復温度１・２℃（１㎡当たり０・３℃）ほどになる。この値は水蒸気発生に伴う速いフィードバックのみによるものであるが、実際には氷床の融解などによる遅いフィードバックの作用や、雲やエアロゾル（ススなど）の発生により、プラスαの平均２℃ほど高くなる。しかしこの気候感度の値に異論が出た。リンゼン他「懐疑論」者達によれば、雲の発生は太陽光を反射してむしろ負のフィードバックとして作用し、マイナスαの１℃よりも低い値になると主張した。

　雲の作用やエアロゾルによる気候強制作用については未だ不明な点が多く、ハンセンもフィードバック作用の正負の明言を避け、その正確な記録の必要性を述べる。だが彼は、あえて急速化しつつある「遅いフィードバック」作用に注目し、フィードバックをシミュレートしていないＩＰＣＣの報告書よりも過大に評価し、現在地球が、「氷床の崩壊、生態系の崩壊、種の絶滅への危機に直面している」と判断し、地球温暖化による危機を訴える。京都議定書の効力が発揮できないなか、増え続ける二酸化炭素が北極の海氷面積や氷河の減少、海面上昇、北半球の亜熱帯化などを促進している現状に対応し、ハンセンは、転換点に至らないために二酸化炭素濃度と気温上昇度をＩＰＣＣの値よりも低い、３５０ｐｐｍ以下と１℃未満にまで抑えることを提唱している。余りにも厳しい値であるが、それでもそれは石炭生産の段階的廃止、京都議定書の履行、省エネ、再生可能エネルギーの利用、炭素税を漏れなく平等に国民に還元する累進課税国際協定の施行、さらには高速炉による原発の促進などで可能であると、強弁する。[11]

日本国内での温暖化をめぐる論調や対立構図もそれほど変わらない。船瀬俊介は『テロより怖い温暖化』（二〇〇七年）の中で、山本良一（東大生産技術研究所）に倣って、「タイムリミットはあと5年！」（一八頁）と言い放った。タイムリミットとは、温暖化を自動的に加速させる、正（増殖型）のフィードバックが作用し始めるポイント・オブ・リターン（転換点）を超えるまでの時間を指す。だが二酸化炭素削減に大した成果を上げないままにすでに一〇年以上が経過した。しかし現在タイムリミットをすでに過ぎてしまったなどという声を聞かない。懐疑論者からすれば、彼もまた「狼少年」ということになる。ノストラダムス張りの確定的な日程を予示し、また「テロ」と「温暖化」を同じ地平で各々の恐怖度を比較し喚起を促す言説には「無理」がある。そこには事態の深刻さを知らせなければという「善意」がはたらいているとしても、未来予測の評価には自然の偶発性や人為的成果も絡み、それ自体慎重でなければならない。重要なことはしかし、彼もまた他の温暖化論者と同様に過去一〇〇年の産業の急激な発達が温暖化を促進させ、「殺人熱波」「カウンター熱波」、大干ばつやゲリラ大豪雨・ハリケーン・台風の増大・大洪水による大被害をもたらし、生態系に大異変が続出していることを指摘し、その対策として、省エネや自然・代替エネルギー使用の拡大、さらに環境税の導入などを訴えた、という点にある。

一方リンゼン他「懐疑論」者達を支持する渡辺正は、『「地球温暖化」神話』の中で、排出酸素がオゾン層の形成にさえ関わった光合成のパワーを重視し、二酸化炭素濃度が「500ppmや800ppmになっても人体そのものに悪影響はない」（一五頁）、むしろ「天然プラス300ppmや600ppmに上げると、どの作物も数一〇％レベルで収量が増す。……飢餓人口の減少に貢献する」（三三頁）。して「大気に二酸化炭素が増えることこそエコになる」（三八頁）とまで言い切る。さらにハンセンの二〇二〇年度予測の大誤差[12]を指摘し、負のフィードバックの作用を重視した。とすればゴアの『不都合な真実』も、つくられた「地球の異変」すなわち「神話」となる。その根拠はたとえば海面上昇の測定に場所の地盤沈下や隆起が考慮されていない、災害増大に明確なトレンドがない、シロクマの死滅は狩猟によるなどの理由が挙げられる。とはいえその多くは解釈の相異にすぎない。問題は、渡辺がゴアやハンセンの扇情（動）的な見解のみならず、IPCCの見解や存在までも非難し否定している点にある。特にその主な事由として、彼は二〇〇九年と二〇一一年に生起した「クライメートゲート事件」を挙げる。

クライメートゲート事件とは、気候研究者間の「ホッケースティック」曲線作成に関わる私信メールがバックアップサービスから盗まれ、その文面から「下向を隠す」や「トリックを使う」などの言葉や、環境圧力団体や主力メディアなどからの「温暖化物語」要請の言葉のみがピックアップされ、そこに二酸化炭素脅威論ありきによるデータの改竄、情報の隠蔽、異説の排除があったとする、IPCCの「社是」に反する行為が暴露された事件である。[13]しかし事件の当事者でもあったIPCCのマンは、後に自著『地球温暖化論争』（プロローグ）のなかで、いくつもの調査活動がされ、私達の研究が潔白（無罪）であったことが後から何度も証明された。気候変動否定論者達は、私のような気候学者を貶めるためなら手段を選ばないことが分かっていたが、そこまで卑劣なことをやるのかと、述懐している。そして、メールに不用意な発言が見られたとしても、とりわけ同僚の言葉には、ハッキングの犯罪を上回るほどの、何らかの悪意も不法行為もなかったことが明らかになった。二〇〇七年の第四次評価報告書において、改めて「二〇世紀半ば以降に観測された世界平均気温の上昇のほとんどは、人為起源の温室効果ガスの観測された増加によってもたらされた可能性が非常に高い」（二四〇頁）ことが追認された、と締めくくった（なおＩＰＣＣは最近「可能性」以下の文を削除し断定するに至っている）。

確かに温暖化論者達も、温暖化懐疑（否定）論者達が化石燃料業者や関係者から資金（コンサルト料など）やサポートを得ているように、環境団体や大手メディアあるいは大保険会社などの外部団体からの多様なサポートや圧力を受けている。また国連組織全体が国連憲章にそぐわない官僚化や形骸化が進み、その余波がＷＭＯやＵＮＥＰおよびＩＰＣＣにも及んでいる可能性も否定できない。しかし、だからこそＩＰＣＣの改革が必要であるという提言ではなく、その存在意義さえも否定する渡辺の解体要求はナンセンスであろう。彼の「二酸化炭素削減という集団催眠」「京都議定書は砂上の楼閣」（一一頁）といった指摘は、ある面事実であるにしても、またそれが渡辺の批判する「急ぎすぎ」や「巨額すぎる投資」に対する反省を促すことになるにしても、現代の温暖化や温暖化対策を全面的かつシニカルに否定する根拠にはならない。何よりも繰り返すが、温暖化論者に対する「気候科学の錬金術者」という非難は、そのままいやそれ以上に懐疑（否定）論者に対する「化石燃料会社の御用学者」といった強烈な非難となって返ってくるだけである。いずれにせよ自らの「立場」への認識や反省を抜きにした非難合戦は、何ら建設的な議論に発展することはない。真に地球環境をも守るためには、不毛な地球温暖化論争は超えられなければならない。より大きな科学的知（智）性と合理性によって。

4．地球環境と核開発

根拠の稀薄な「極論」や「扇動」を避け、これまでの地球環境に関する科学的諸成果をより合理的かつ包括的（自然科学的、政治的、経済学的かつ思想的）に検証し解釈するならば、「環境科学」を専門にする伊藤公紀の「『不都合な真実』の〝不都合な真実〟[14]」が、最も参考となる。彼は多様な諸データや諸テクストを参照にしながら、ゴアの『不都合な真実』の還元主義的な単純性、曖昧性、近視眼性および誤りを細部にわたり的確に指摘し、より合理的かつ包括的な解釈に基づき地球温暖化に関するメディアリテラシーを説いた。なおそのメインポイントは、環境の持続性の実現のために、脆弱性・回復性に着目する短期的な対策と、エネルギー消費削減や循環型エネルギー使用などによる社会構造変化に対応する長期的な対策に分けてとらえた点に（一四八頁）、また「京都議定書」の条約を、土地利用やエアロゾルなど、二酸化炭素以外の人的影響や自然変動をもたらす因子をも含めた「包括的な気候変動枠組条約」とすべきと説いた点にある（一四九頁参照）。

ちなみに彼のそのようなより大きな合理的で包括的な観点は、自らが「医者」およびせめて「宿主（地球）と共生できる賢い寄生虫（人間）」であろうとする、彼の謙虚で社会実存的な知（智）性から生れてきたもの（一五〇頁参照）。したがってそれは、地球と人体をアナロジックにとらえ、「寄生虫」の視点から地球環境を総合的に観察し、共生・持続の可能な世界を冷静に分析し理解していく、まさに卓越した本来の科学者のまなざしとなり、さらに民主主義精神を称揚し、化石燃料ガス企業に批判を向けながらも、他方でイラク戦争など最大の環境破壊であるアメリカの戦争や、循環社会と相容れない原発に言及しないゴアの欧米生粋の限界をも見透かす社会的なまなざしともなった。

近未来のポスト国家資本主義社会において、開発か環境かというオールタナティヴな思想や政治はすでに市民権を失っており、開発と環境の両立や調和が有力なコンセンサスとなってくる。環境科学特に「環境経済学」の発展は、その端的な現れと言えよう。なおその学的形成の背景には、放任主義的な市場経済論（スミス）の「失敗」を明らかにした、先行するいくつかの主要な思想、すなわち収穫逓減の法則に基づいた「人口制限説」（J・R・マルサス）や石炭の工業消費の急増が自体の枯渇を招くと指摘した「資源制約論」（W・S・ジェヴォンズ）、また資本主義経済様式が人間と自然の破壊をもたらすとみなした「経済システム限界論」（マルクス）、さらには利潤率が最低限にまで低下した停止状態に物〈自然〉と人間との調和した社会を展望する「経済成長批判論」（J・ミル）、そして直接的には、社会的費用に関わる公共介入を正当化する「外部不経済論」（A・C・ピグー）などがあった。いずれも人間・自然・社会の環境重視や「環境破壊」制御および防備の理論へと結びつく思想であり理論であった。

植田和弘は、『環境経済学』の中で、「環境問題はさまざまな形で起こる環境破壊というフィジカルな現象を通じて現れる社会現象」（三頁）と言い、「破壊」の形態を具体的に環境汚染、アメニティ破壊、自然（環境資源）破壊の三つのカテゴリーに分け、各々の要因、様態、関係性を明らかにし、制御・克服の課題として社会的衡平、環境や資源への配慮、社会的効率の重要性を指摘した[15]。なおその目的とするところは、社会の「持続可能な発展」にあり、彼は、それは「資源・エネルギー多消費・環境破壊型で社会の持続可能性も低下させる二〇世紀工業文明に基礎をおいた経済成長パターンを転換し、自然条件をふまえて人間の生存と人間社会の豊かさを持続可能なものとする代替的な経済発展パターンをいかに実現していくかという人類史的な課題でもある……」（一六頁）と述べている。さらにその直接的な方法として、環境政策に対するこれまでの各々「政府の失敗」をもたらした国家経済成長（活動）の類的指標を示すGNP（GDP）を、環境や福祉を重視したグリーンGNPへと転換、止揚すべきことを提唱した[16]。

未だ不確実的な地球温暖化問題に関しても、個々の実証的な測定や客観的データを追求（究）しつつも、各々の立場を越えて経済成長（開発）か環境かではなくいずれをも活かすグローカルで総合的ないわゆる社会的成長の観点から評価し対応していかなければならない。そのためには船瀬の言う「経済学とは、ほんらい価値の学問であった[17]」ことのつまり学問や科学の原初的記憶の回復と、価値の総体的な検証が必要となる。たとえば「地球温暖化」という事象や問題に対して、「純粋科学」や隣接の諸専門学による評価以前に、その暗黙の前提となっているヨーロッパ出自の、「神の創造説・道徳観念」「民主主義」「科学主義」が検証され、評価されねばならない。さもなければ「環境経済学」はたんなる現象の分析や諸テクストの体系的な解釈の学となり、温暖化論者の過剰な言説も懐疑（否定）論者のシニカルな言動も、「井の中の蛙」どうしの争いの仕儀となってしまう。

前節冒頭でわたしは、ラヴロックの「ガイア仮説」には「神の創造説」が宿っていると指摘したが、翻って言えば、それはもう一つの主要なヨーロッパ出自の思想、すなわち地球誕生から生命系の創出に至る一連の進化論的科学主義を野放しにし、他方社会的かつ唯物的「意志」や諸システムが諸生命・精神を規定しているという自覚を軽視することになり、結果彼の民主主義的な自覚において原子核装備の危険性に対する見積もりが寡少となるなど、社会思想的知見の「弱さ」を露呈することになった。[18]このような批判はラヴロックやゴアのみならず、温暖化を論ずる欧米のほとんどすべての論者に当てはまる。なかでも温暖化論者の急先鋒であり民主主義者でもあるハンセンの言説が象徴的であろう。彼は「神の創造物であり世代間の共有物」であるはずの地球にあって、あの広島・長崎において一挙瞬時に膨大な生命を奪った、まさに悪魔の原子爆弾をつくった「マンハッタン計画」[19]に対して、反省の欠片もなくその技術力を讃えてやまない。あの「悪夢」は、軍事戦略的な観点からすれば確かに当時日米両軍部を支配した権力者達によってもたらされたものではあるが、だからといってその製造に手を貸した原子物理学者達の「大罪」は免れない。にもかかわらずハンセンは、もっぱらかれらの核開発の「功績」を称え、さらに使用済み核燃料から大量のプルトニウム―一年で数百発の核兵器が製造可能[20]―を取り出し、その「成果」を原子力発電に活かし、化石燃料の代替エネルギーとして積極的に推奨する。放射線放出の可能性をもはらむ宇宙航空研究に従事するハンセンの、このような反省なき偏った言説[21]は、余りにも空しく欺瞞に満ちている。

そもそも地球を神の創造物として信じることは私的には自由であっても、自らが公認の「純粋科学」者を任ずるかぎり、食物連鎖など生殺与奪を属性とする地球環境を、神の「予定調和」という先入観念を以て「科学する」ことは、認識、方法、解釈の限界、狭隘化、誤りを発生させることになる。ただし「調和」概念を被創造的な「神と自然」との間ではなく、物的・エロス的な「人体と自然（環境）」との間の目的的概念として適用し、化石燃料や原子力の代替エネルギー、すなわち再生可能な自然エネルギーとして水力（中規模）、風力、地熱、太陽光、バイオマス（雑草や廃食油の利用）などの発電を推奨することは、各々に若干の負の作用（たとえば景観や土地占有およびコスト高など）を伴うとしても、日々新たに気（水気、空気、光気、熱気、「土・気」、「生・気」、……）の循環する社会を指向するかぎり充分評価に値しよう。何よりも神と宇宙原子物理学との結託した「調和」概念の下に、国家の膨大な核爆弾所有を見越してのあるいは見過ごしての原発の推進につながる、そのような地球温暖化論はナンセンスと言わざるをえない。

いわゆる気候科学にとって未来予測が欠かせないとしても、また気温上昇と二酸化炭素濃度上昇の相関性（係数）が明らかになったとしても、その影響の定かでないそんな地球温暖化論[22]の、余りあてにならない言説や「扇動」に追従する前に、一挙に地球破壊をもたらす「原子力」の脅威についていかに対応するか。すなわち人類の生命を冒瀆する広島・長崎の原爆投下という負の史的事実に対し、深い反省と根本的な総括および検証を行うべきであろう。一九四五年以来戦後日米の権力者達は対する反省も検証も等閑に付し、ただ「原子力」を「平和」利用さえすれば良い、という安易な発想と皮相的な判断の下に、原発を推進してきた。してその結果、スリーマイル島原発事故（一九七九年）やチェルノブイリ原発事故（一九八六年）そして福島第一原発事故（二〇一一年）などの、数十万人の被爆者や死亡者および強制移住者を出した重大な（レベル5～7）原発事故をはじめ、数多くの原発事故をもたらしてきた。人類はこのような欧米出自の「神と科学」のもたらしてきた歴史を忘れてはならない。

二酸化炭素を人為的に排出し続ける化石燃料使用のみを非難することで、放射線の放出や核兵器製造とも結びつく原発のリスクを隠蔽しあるいは不可視化し、脱原発・反核運動を弱体化させてきた、そのような気候学者達の予めバイアスのかかった言動に迷わされてはならない。世界変革にあたって大事なことは、トリアージを含めた包括的な視点である。戦争を最大の環境破壊と指摘しても何ら重要なテーマとしない環境科学の、また一挙瞬時に大量の生命を奪う核開発を問題化しえない温暖化論争の限界および蹉跌は明らかである。

核開発はプルトニウムを発電に平和的に再利用できるから良い、などという単純な問題ではない。しかし残念ながら世界的権威となったヨーロッパ出自のノーベル財団や国連は、そのような単純な理解を共有している。その象徴的な出来事は、ノーベル財団（一九〇〇年設立）が原子力の平和利用の推進に貢献したとして国際原子力機関に、他方地球温暖化問題に貢献したとしてゴアやＩＰＣＣに相次いでノーベル賞を授与し、さらに当のＩＰＣＣが、一九五五年の第二次報告書において「原子力エネルギーへの転換」を温暖化対策のオプションとして掲げるなど、一連の忖度し合う動きに読みとれよう。[23]

そもそも「ノーベル賞」とは、その生みの親でもあるＡ・ノーベルの造ったダイナマイトに始まり、アインシュタイン達原子物理学者が製造した原子爆弾に及ぶ、まさに「開発」を名目とした破壊装置の発明と、他方その「悪用」に関わる倫理的反省に基づいた平和利用への唱道に対する、両者の「功績」を讃えるという、ある意味矛盾するまさに皮相的なヨーロッパ精神の刻印された「勲章」であり、何よりも財団自らの学的な世界的権威を表徴する形式にほかならない。それゆえかれらは、いくばくかの学問的な脈絡もなくただ「発明」「トピック」「平和」のインデックスに従って、雑多の医科学研究者、原子核物理学研究者、地球温暖化論者、「平和」主義者や文学者などを恣意的かつ特権的にピックアップし、選ばれた各々に対しもったいぶった授与式を行う。かれらには「化石燃料を地下に埋めたままにせよ」「原子核を平和的に利用せよ」と言えても、原子力の開発を抑制せよとは言えず、また民主化運動を讃えても（それ自体歓迎すべきことだが）、国家権力者達の核開発に直接批判を向ける明確な意思（志）もない。国家社会では多くの科学者達は、「科学は政治的に中立であるべき」を口実に政治に無関心の体をとり、たとえば自らの研究が原爆や兵器の製造と関連していることをあえて問わず、ある原子物理学者達は原発推進と平行してより破壊力を増した核兵器の開発に手を貸し、結果核保有の国家が増加し地球破壊のリスクが高まってもなお、学問や生活の根本的な在り方の反省や理解に及ぶことなく、受賞に相応しい目先の「成果」を求めて日々の課題に没頭しているのだ。

環境学者にせよ原子物理学者にせよ、あるいは地球温暖化論者にせよ懐疑論者にせよ、「神」と同居する欧米の科学者には多くは期待できないが、ただ日本の、たとえば前述の人類を「医をなす寄生虫」とみなし地球環境を包括的に理解する伊藤の社会科学的知（智）性に基づいたスタンスや、ゴアやハンセン譲りの過剰な地球温暖化論者でもあるが、巨大資本や巨額の軍事費に対しラジカルに批判する船瀬の社会政治的なスタンスには、充分共感できる。船瀬は「先進国だけのエネルギー・資産独占は許されない」「130兆円の軍事費を温暖化防止にまわせ」「国防費を地球防衛費にまわせ」「食費より軍事費が優先している」などと政府を痛烈に批判し、[24] 山本と共に環境産業革命やエコデザインに基づいた社会システムの変換を提言している。このような論点からすれば、温暖化対策のための日本のおおよそ一兆円の国費の多寡にのみ拘り、一三〇兆円にも及ぶ軍事費に言及しない懐疑論派の議論は、隔靴掻痒というよりもむなしいかぎりである。

現在世界は、スクラップアンドビルドのグローバル国家金融資本主義の下で社会の産業構造、生活様式、交通（コミュニケーション）を大きく変貌させ、産業廃棄物や排出ガスなどにより宇宙、大気、水質（海・河川・湖・地下）、土壌を汚染し、同時に移動の高速化、物神崇拝、賭博・詐欺、監視・脅迫などにより生命や人間関係の危機と疎外を深め、対する公的規制や省エネ・代替エネルギー、リサイクル法および環境アセスメント法などの施策が未だ追いついていない状況にある。しかしなおも地球の地・海・空の至る所、化学工場や火力・原子力発電所など多くの工場や施設が建造され、民間・軍用航空機、軍事的高速ジェットおよび宇宙ロケット、船舶（客、漁、艦）、潜水艦、さらに建造物を縫って走る膨大な自動車や電車などが行き交い、我々は常に有害で危険な環境に晒されている。

なお地球崩壊の脅威に直接関わる、焦眉の気候温暖化と核開発については、二酸化炭素や放射能の排（放）出する量や濃度が光合成や呼吸などの生命活動、動力、医療利用のための、人類が地球に寄生する上で必要な需給量や限界値を超え、生態系を破壊している点に最大の問題がある。特に刹那的にして最大の「環境破壊」をもたらす核開発の及ぼす衝撃は絶大である。それだけに民主勢力による監視と対抗の運動が不可欠となる。しかしそこには、高度エネルギー確保のための平和的核利用という資本の論理が、また対攻撃「抑止」や「自衛」のための核開発という国家の論理がはたらき、さらにまた核保有を諫める最大の国際的影響力を有するアメリカが同時に最大の核保有国であるというアイロニーや矛盾が、核拡散防止条約（一九六八年調印：中・仏は拒否）の締結を不完全な状態にしている。さらにアメリカのそのような矛盾する態度に便乗し、近年中国やインドが核軍事力を増大させ、また北朝鮮やイランを始め「抑止力」を名目に核開発および核保有を目指す国家が増えている。国際的合意が不可能な現在、この悪しき動向にいかに対峙していくか。

5. 国連の改革・再編を中心に

一九九二年にリオ・デ・ジャネイロで地球サミット（環境と開発に関する国連会議）が開催され、地球の多くの国や地域およびNGOなどが集まった。そこでは史上最大の首脳会議（一〇三か国）が行われ、環境と開発に関する包括的ないくつかの重要な宣言、声明、条約が採択、調印、決定された[25]。この地球規模のイヴェントは、地球環境保全への契機となり、対する意識と自覚を人類に促すことに大きく貢献した。そしてそれは、後の国連サミットにおけるミレニアム開発目標すなわちＭＤＧｓ（二〇〇〇年）と、今日のＳＤＧｓ（二〇一五年）に発展的に継承された。

だが現在もなお、地球上至る所貧困、感染、災害、飢餓、難民、紛争などが絶えず、多くの民が過酷な状況に置かれている。何よりも問題なのは人為的な、最富裕層と最貧層の所得シェアの比率の拡大と核開発やＡＩによる軍事拡大が、人間・環境破壊のリスクを高めている点にある。その最大の[26]「原因」は、結局各国の政治、経済、宗教、民族および科学技術などが複雑に絡み合い、特に国家細胞の膜を隔てた内外の経済的・軍事的格差や支配・被支配の関係、国家間的には「先進国」と「途上国」の経済的な「南北」格差の拡大と大国の覇権増大が、また対内的には各々国民間の所得格差の拡大や政治的な支配権力増大が、世界の公正な合意を困難にさせている点にある。

巨大資本と結託した国家主権のタスクフォースに委ねられている現在の世界政治のなかで、格差や環境破壊の根を断ち公正で民主的なセーフティネットを形成していくためには、したがって「下」からの草の根のみならず、何よりも資本と国家の論理を統御しうる「上」からの強力かつ民主的な「世界政府」の構築とかかる機関を担い支える国際的人民主権の育成が重要となってくる。地球サミットでは、この点の審議に及ばず、たんなる自覚の喚起に留まり、結果確たる変革への有効な指針が提示されなかった。

現代の人権・民主・共和を重視するインターナショナルな世界において、なおも独裁的・軍事主義的な諸国家や諸勢力が存在し、国家内外にポスト冷戦のネオ冷戦構造が生成している。してそのような状況下で新たに「世界政府」の創造を企てることは、ほぼ夢想に近い。まして「無からの創造」は「神の御業」か、人間悪魔の覇権的行いによるほかない。だが疑似的であれ現在我々は「世界政府」と最短距離にある国連に望みを託すことができる。では無力化し形骸化しつつある現国連を、一体どのようにして変革・再編し、民主的な「世界政府」に近接化させていくことができるのか。この点について考えてみたい。

国連は憲章に基づき人権擁護と世界平和の実現を掲げている。しかし当の国連が、その運営の中枢を担う常任理事国（米・英・仏・露・中）が地球平和の最大の敵である核兵器のおよそ90％を保有する「連合（戦勝）」国であり、しかも憲章に反する独裁的な国家のロシアと中国の軍事大国がその二つのポストを牛耳り、同様のネオ冷戦構造を形成しているという、まさに不条理な状態に置かれている。最大の問題はしかし、憲章の精神からすれば本来暫定的であるべき常任理事国のポストが依然連合国によって半永久的に占有されている点にある。当初は憲章の起草や国連の創設に主導的に関わってきたアメリカが、その理念や精神を世界に敷衍することで、諸々の限界や不条理をもカバーしてきた。だがそのアメリカもしだいに自国中心主義の政策にシフトし、自らが最大の軍事核大国となり国連を利用の対象とみなすやいなや、国連は形骸化、無力化の一途を辿ることになった。

その最大の転機となったのが、一九九一年の湾岸戦争である。アメリカは、イラクの核兵器製造阻止とサダム・フセインの独裁体制の打破という大義名分を掲げ、その実クウェートの石油利権を守るという国益のために、多国籍同盟軍を従えイラクへの軍事的侵攻に至った。しかしアメリカ同盟軍は、核兵器製造の痕跡さえも発見できず、むしろイスラム教宗派内の対立を激化させ、イラク国内を大混乱に陥らせ、膨大な市民の死傷者を出した。にもかかわらず宣戦布告した当時アメリカの大統領ブッシュは、すべてをたんなる「誤解」や「誤爆」で済ませ、いかなる責任もイラクの民主化という欺瞞の大義を以て帳消しにし、国連憲章違反による自らの「戦争犯罪」を無効にした。一方国連は、そのようなアメリカの「横暴」に利用され、対イラクの経済制裁の効果を確かめずに、アメリカ同盟軍に武力制裁の権限を委任する決議を採択し、拙速かつ誤った対応をとった。国連自らが国連憲章に背き、「国益」のために巨大なハイテク軍事力を行使する多国籍軍を擁護するという、そしてもたらした結果に対し何ら責任をとらない、とらせないという、まさに無見識・無責任体制に陥ったのである。以後国連は急速に信頼を失っていった。

そして現在、国連の軍事的中枢を担う安保理の常任理事国は、憲章の理念を失ったアメリカと独裁的な国家の支配下にあり、すでに世界平和を敷衍する主導機関ではなくなった。国連は、大国の思惑に翻弄されあるいは追随するだけの無用の長物となり、当初の正統性や信頼性さらには実効性さえも喪失してしまい、「世界政府」への一縷の望みさえも絶ってしまったかのようだ。とはいえ現在を生きる我々は、わずかな望みに賭ける思いや試みまでも放擲するわけにはいかない。果たして「世界政府」としての役割を担いうる国連の、そして国連を中心とした世界の改革・再編は可能であるのか。今一度検証する必要がある。

世界は二度の帝国主義世界大戦を体験し、くしくもホッブズが指摘したように国家とは神聖な存在ではなく、唯物的かつ獣的存在であることを「実証」した。しかし未曾有の悲惨な体験が人類に深い反省を促し、お互いが二度と過ちを犯さないことを誓い、とりわけ第二次大戦後は、第一次大戦の戦後処理の不手際や失敗を踏まえ、サンフランシスコ会議において連合国政府は、アメリカを主導にして世界の人権と平和を守る国連憲章を採択し、さらにその実行機関として諸国家を「調停」する国際連合を発足させた。一方このような気運に押され、ファシズムや帝国主義に対し深い反省が促されるなか、これまで「近世帝国」によって抑圧・支配されてきた世界の植民地各国が自治意識に目覚め次々と独立し、国連加盟国も増加していった。

地球上の国家をほぼ網羅するようになった国連は、総会（立法議会）を一国一票制度とすることで、民主的な主権国家体制を築き疑似「世界政府」の体裁を整えていった。国連創設当初は、かくして平和と合理そして自治と民主の「世界精神」が敷衍された。しかししだいに各国内の国家主権が強まり国家間の軋轢が増大してくると、「国家連合」ゆえに対処しきれない国連は、自らの限界を露呈していくことになった。

かつてわたしは国際連盟との比較を通して、国連の問題や限界および変革について考察したが[27]、そこでは諸々の分析と理解にやや明晰さを欠いていた。そこで当時の考察を踏まえ、なおも新たに論考を重ね、以上の各々の要点をまとめ明らかにしておきたい。

（1）国連の問題と限界：①大戦後八〇年近くたった今日にしてなお、国連安保理の軍事的中枢を担う常任理事国が五大戦勝連合国によって占有され、それぞれに拒否権行使の特権が賦与されている。②常任理事国を担う露・中政権に自国民の人権侵害に、また対外的には覇権拡大に及ぶ憲章違反が認められる。③かつて国際連合設立の提唱国であり、国際性豊かな「模範国」ゆえに国際機関の中心的拠点ともなった最大の常任理事国アメリカで、国際性を喪失する多くの事例が認められる（自国中心主義的覇権性や放任資本主義的格差や人種差別の増長）。④すべての常任理事国とも核兵器を所有し、「自衛」口実の先制攻撃を可能としている。⑤国連が覇権争いの場となり、参加国の軍事ブロック化や国連内部職員の競合・官僚化、人事の不平等化、運営の非能率化、汚職・腐敗などが蔓延化している。

⑥国連が主権国家すなわち国家主権の同意と協賛によって成立しているため、国連の代表が各国政府代表だけで構成され、国家支配権力層の意向のみが反映される。⑦結果ローカルなとりわけ抑圧されている人々の意見が反映されず、総会の一国一票制も実質的な平等につながっていない。⑦かくして無力化、形骸化しつつある国連は、世界の集団的安全保障や地球環境保全に対し正当かつ十全に機能しえなくなっている。

（2）国連の再編と変革を中心に：①国連憲章の改訂：（i）憲章五章（安保理）の常任理事国規定の選出システムと拒否権（二三条）の民主的な改正・改廃を求める。憲章の精神に基づいて、今なお残存する大戦時の枢軸国と連合国という枠組みを廃止し、常任理事国を任期制とし、全国連加盟国あるいは各々大陸代表による非常任理事国により民主的に選出でき、同時にリコールできるよう憲章を改訂する。（ii）戦後ではない段階での過渡的規定（一七章一〇七条：旧敵国条項）と、その追加条文（七章五一条：自衛権）の改廃を求める。特に他国侵略の正当化や平時の軍備拡張や軍事同盟の口実とされている「個別的又は集団的自衛権」の規定を日本国憲法九条なみの絶対非戦平和主義の文面に改訂し、新たに各々軍隊を、民主世界政府（世界最高権威の民主化された国連）を軍事主権とした世界防衛システムに組み込む条項を設ける。

憲章はしかし、そもそも現五大常任理事国が自らの地位と権限を守るために作成した条文。ゆえに特に改訂には、総会の三分の二の国の賛成と、全ての常任理事国と加盟国の三分の二の国内批准を必要とする（憲章一〇八条）という、堅いガードが設けられている。とすれば改訂実現は非常に困難となるが、しかし中・露の民主化と欧米の憲章精神への再自覚化が促されるならば、あながち不可能とも言えないであろう。

②国連組織・制度の改編：（ⅰ）非常任理事国とＮＧＯ推薦による第三者機関を設立し、改訂国連憲章を基準に、各々常任理事国の資格剝奪要件（国家主権の独裁性：専制と覇権の政治）をチェックし、随時リコール権発動を非常任理事国会議や総会にはかれるようにしていく。（ⅱ）世界安保制度・組織を形成する。前条項（①（ⅱ））に従い、各国軍隊やＮＡＴＯ軍などの同盟軍および多国籍軍などをＰＫＯ軍（ＰＫＦ）[28]として、しかしあくまでも国家色を脱色した「国連軍」として、「中立・同意原則」に基づき来る民主世界政府の軍事主権の下に吸収し、改めて各国（自治体）に配備するという世界軍事防衛システムを構築していく。（ⅲ）各国が独裁的な国家主義や軍国主義の政治を排し、ナショナリズムやキャピタリズムを抑制および修正し、民主的な住民自治に基づいた国際協同（働）的な国家世界を形成していけるよう、自覚と啓発に努める。また原発・化石燃料発電による社会から、再生自然エネルギーによる循環型社会へのシフトをはかり、最貧国援助や難民の救済、核開発の抑制、地球温暖化対策を各々タイアップさせ、適切なトリアージの政治力を発揮しうる、包括的な地球環境部門を国連機関内部に立ち上げていく。

③国際的人民主権に基づいた多様な主体による広汎な運動の推進：当面現常任理事国である中国とロシア政権をいかに民主化させていくか、また国連本部および多くの国際機関の所在するアメリカをいかに国連憲章に相応しい開放的で民主的な、地球環境重視の模範国にしていくことができるかが最重要課題となる。前者については中国・ロシアをはじめ独裁的な各国政権に対する反政府民主化デモとの、内外・上下・縦横からの多様な支援・連帯の運動が、また後者についても差別主義的国家主義

者である「トランプ」保守勢力に対抗する、西海岸の学生民主運動をはじめ米国民主勢力との連携・支援が重要となる。なお軍縮に関しては、NGOのような脱国家政府的な運動と連動し、アメリカのダブルスタンダードに依拠せず、全面的な核禁止・廃絶運動をグローカルに展開し、すべての国家（特に核保有国）に対し核兵器禁止条約批准を促し、世界反核運動や核兵器と国際法に関する「世界法廷プロジェクト」運動[29]を高揚させ波及させていく。

今日の国際社会は、経済的軍事的大国を中心に軍拡競争が激しさを増し、核兵器のみならずAI軍事ロボットや化学殺戮兵器が製造・売買され、グローバルテロが世界各地各国で頻発し、まさに脅迫と恐怖の渦巻く危機的状況にある。我々は、軍事力のみを頼りに自らの国家や民族あるいは宗教に閉じこもるならば、より一層閉塞した絶望の未来を生きなければならないであろう。この地球上でお互いが共生し合い平等、自由、平和に生きていくためには、繰り返される戦争の悲惨さ、残酷さ、愚劣さを深く反省し、人権と平和を宣揚する国連憲章の、すなわち根源的な人間の公共的な在り様を映し出す「普遍性の鏡」すなわち万人が平等で自由であるべきとする「世界精神」を称揚していかなければならない。

なおこの精神とは、宗教宗派間の対立や争いは自己矛盾であると自覚する精神であり、近代ヨーロッパの識者達は、この矛盾に気づいていた。そこでかれらは近代民主政治を行うにあたり、政教分離とともに宗教（信仰）のおよびからの自由を認め、宗教間の対立を回避し、宗教自体の矛盾を自覚させることで、民主と公共の接合する社会を実現しようとした。ただこのプレ宗教的普遍性の制度（世俗）化は、ヨーロッパ・キリスト教圏以外の宗教圏では見られなかった。アジア仏教はキリスト教のような神・人間中心の世界観を超え、あらゆる生命の存在や平等を重視し説いたが、それは観念的な自覚でしかなく、自然や社会を対象的にとらえる観点がなかったために、政治思想に反映しなかった。また中東圏でもイスラム教が偶像崇拝を排するが、アラーの神も宗祖マホメットも彼の差別的な教義も、偶像の範疇には入らなかった。結果神秘主義的で教条主義的観念がイスラム政治社会を支配し、ムスの宗教的抵抗主義などが一部育成されることもあったが、民主と共和の普遍的な精神が育つことなく、宗派間のあるいは民族や国家間の対立が止まず、中東はまさに過激なテロの温床の場となった。

ところで二章で述べたイスラム過激派によるアメリカ同時多発テロ連続爆破事件であるが、そのターゲットは「世界精神」に根差したアメリカではなく、「世界帝国」となったアメリカに向けられたものであったこと。それゆえかれらにとって世界の経済と軍事の中枢（ペンタゴン軍事施設と世界貿易センタービル）を爆破することが、「アメリカ帝国」への挑戦を意味したのである。してかれらは自爆テロという殉教を以て最高の「ジハード」を成し遂げたわけである。だが攻撃を受けたアメリカ側からすれば、世界最高峰の文明国アメリカに対する野蛮で残忍で無謀な「ならず者」の挑戦というそれ以上の意味をもたなかった。それは事件後のアメリカ国民の大半（共和党中心に）が復讐の鬼と化しナショナリストあるいは国家主義者となり、「世界精神」に基づいた反省も冷静な対応もかなぐり捨て、あらゆる批判的言説を許さないという、同調圧力を形成していった姿からも推察されよう。

問題は、この過激派アルカイダの対米攻撃が「生命」を冒瀆する余りにも残酷で独善的な、おそらくは偏執的「狂・気」の行動であったために、対イラク先制攻撃におけるアメリカ政府の本音国益主義と建前民主主義の、また核兵器保有に関わる「二重基準」や「二枚舌」による欺瞞性が、むしろ隠蔽されてしまった点にある。万一過激派の対米攻撃が、そのようなダブルスタンダードをターゲットに、アメリカの欺瞞性を暴く理性的で冷静かつ痛烈な非軍事的「批判攻撃」であったならば、世界的賛意を得て復讐を受けずして真に「勝利」しただろう。だがイスラム教条主義者達にそのような希望を抱くこと自体無意味なのかもしれない。結局この「事件」は、理性や冷静さを欠いた一分の義もないイスラム過激派による野蛮なテロと、一縷の反省もなく再び帝国アメリカにより演じられた、「世界精神」を冒瀆する野蛮な復讐劇に終わったにすぎない。民主や共和と無縁のイスラム過激派は、ひたすら自集団の教義拡大のためにのみ、世界の至る所で自爆テロを繰り返している。結局かれらは、「世界警察」を気取る「帝国アメリカ」の欺瞞や野蛮をむしろ引き出す役割を果たしているにすぎない。この共犯的悪循環を断たないかぎり、中東世界に「平和」は訪れないであろう。

「アメリカ帝国」の、中立と民主を掲げたとえば長期に渡るイスラエル - パレスチナ紛争における前者寄りのある種口実と躊躇を伴ったスタンスは、それでも「中国帝国」と「ロシア帝国」のストレートで赤裸々な野蛮性を超えるものではない。国内統制を強めるとともに、シリアのサダト独裁政権と手を結び「アラブの春」以降受け継がれたシリアの民主化運動を空爆によって踏み潰すという、また一連のチェチェン戦争からクリミア併合に至る、かかるプーチン独裁政権ロシアの野蛮性と、同様に国内統制を成し遂げ、香港の民主化運動や新疆ウイグル自治区の弾圧を強め、南沙諸島への侵出、台湾脅迫、さらに独善的で一方的な「一帯一路」政策による覇権拡大や国連内勢力の戦略的拡大をもくろむ中国共産党独裁政権の野蛮性は、共和と民主を目指す国連や国際社会を愚弄し、破壊するものである。してこの野蛮な政権国家が国連常任理事国の二大ポストを牛耳っているという転倒。この不条理を改めないかぎりいかなる世界「平和」もないことを繰返し指摘しておきたい。

中東における民主化の深刻さはシリアだけではなく、フランスから独立したアルジェリアにおいても、一時期の民主化運動は停滞し、民族的、宗教的対立が深化し、混沌たる状況にある。確かに中東・アジア・アフリカの各国で多国籍企業などからの資本や技術の積極的な導入や支援により工業化と都市化が進み、GDPの上昇とともにそれぞれが国力を強化し独立性を高め、世界市場としても重視されるようになってきている。しかし他方貧富の格差が拡大し環境破壊が進み、宗教的民族的な紛争はむしろ深刻化している。

世界再編のシナリオは、国家、資本、宗教、民族の諸々の論理や情動をいかに克服していくかにかかってくるが、その実現のためには先ず何よりも脚下照顧、主体側の場の自覚と認識および行動が重要となる。そこで、著者自らの所属する、「世界精神」を名目享受する現代日本の政治が、改めて問われねばならない。

(注)

1. 『資本主義からの脱却』三八頁。
2. 『暴走する資本主義』二八八頁。
3. 右同書、二九七頁参照。

4．『資本主義の未来』三二五頁。なお当テクストは、世界経済の動態を地殻構造の変動になぞらえ分析しており、ユニークで卓越した観点を提供しているが、彼自身がコロンブスの植民地主義、中華思想の否定、科学技術信仰など西欧中心の進歩史観にとらわれているため、格差の要因分析や社会価値の理解が希薄となり、「経済の民主化」という点では限界を露呈している。

5．『資本主義の暴走をいかに抑えるか』二五七～六四頁参照。

6．MAI（多国間投資協定）反対活動として、アジア太平洋資料センターの果たしている役割は大きい。なおメンバーの越田清和は、この投資の特性を「直接投資にとどまらず、株式取得、債券、証券、知的所有権、不動産などすべての投資が含まれている」とし、続けてその目的は「自由化の範囲にタブーをつくらないこと」とみなし、それは、グローバル化に名を借りた「新たな植民地支配だ」と批判している（「経済のグローバル化」『IMPACTION』（1998年）五八～九頁参照）。全く同感。

7．一〇〇〇年から二〇〇〇年にかけての、一九六一～一九九〇年平均値からの温度差（℃）の歴史的変動を記録した曲線。

8．『不都合な真実』（はじめに）参照。

9．『地球温暖化との闘い』一～二頁。

10．右同書、一一五頁。

11．同書、9章参照。なお今回（二〇二一年一一月）のCOP26でも、パリ協定（COP21：二〇一五年）に引き続き、「妥当」な1・5℃の上昇に抑える努力が求められた。

12．『「地球温暖化」神話』（六一～五頁参照）で、彼は、ハンセンの予測気温偏差の、実測値との地上間比較で0・6℃、対衛星記録とでは0．8℃を超える誤差が認められると指摘する。しかし衛星記録に関しては、後に測定上のいくつかの誤りが認められ、正しい記録に基づき温暖化が再確認された（『地球温暖化論争』二四七～八頁参照）。

13．これは、マンや研究仲間の私信メールが、アングリア大学の気候研究ユニット（CRU）からハッキングされ、暴露されたことに始まる。

14．『暴走する「地球温暖化論」』Ⅰ（初出：『諸君！』二〇〇七年四月号）所収。なお老婆心ながら本書の、自らに跳ね返ってくるような「洗脳・扇動・歪曲の数々」というアイロニックな副題は、論者達の冷静な論述を見る限り適切とは言えないだろう。

15. 詳しくは、『環境経済学』一四 - 五頁参照。なおそこでは、高次元的な観点から格差是正、自然への配慮、および「生活の質」や「豊かさ」への貢献の重要性が述べられている。

16. 「政府の失敗」とは、健康・自然の不可逆性におおむね対応不可能にして費用効率の悪い、そのような政府を中心としたこれまでの対症療法的な伝統的環境政策のことを指し、その対案として彼は、総合的観点から根本的解決を目指し費用効率性の良い、予見・予防的政策アプローチに基づいた公共的意思決定を重視した（右同書一八〜九頁参照）。そして国の経済活動の水準を示す指標、というよりも社会の持続可能性を測る尺度として、「公害」をもたらし福祉の度合いを反映しないGNPに替わり、いくらか技術的かつ理論的な問題点があるが、環境を配慮し社会福祉を表すグリーンGNPへの改良の試みに注目する（四六〜五三頁参照）。

17. 『テロより怖い温暖化』一四一頁。

18. 『唯物的空なる気の世界』一五八頁参照。

19. 一九四二年に、アメリカ・イギリス・カナダの連合国政府により、原子爆弾製造のため延べ三〇〇〇人の科学者が動員され、始まった一大プロジェクトのこと。なおその主要なメンバーの中に、後に広島・長崎への投下に異議を唱えたレオ・シラードや、投下の結果にショックを受け贖罪から原爆製造反対の平和運動に転じたA・アインシュタインやR・オッペンハイマーがいた。

20. 『科学者は戦争で何をしたか』一六一頁参照。

21. 『地球温暖化との闘い』三八六〜四〇〇頁参照。

22. 気温（海水温含む）の上昇と二酸化炭素の上昇の相関性については、『暴走する「地球温暖化」論』の中でも、渡辺正による都市化に伴うヒートアイランドや、伊藤や薬師院仁志による太陽の活動（磁気活動や黒点の変化）の影響が指摘されている。

23. なおこの解釈は、薬師院仁志の（「科学を悪魔祓いする恐怖政治」（『暴走する「地球温暖化」論』八五〜六頁）における「意図」を汲みとりクローズアップしている。

24. 『テロより怖い温暖化』一二二頁他参照。
25. なお関連の宣言や条約などには、「環境と開発に関するリオ宣言」「森林保全原則声明」「アジェンダ21」「気候変動枠組条約」「生物の多様性保全条約」「砂漠化防止条約」がある。
26. 世界の所得分配（『環境経済学』一九九～二〇〇頁参照）によれば、両者間の所得シェア比率が、一九六〇年で三〇対一、一九八九年では五九対一で二倍上昇している。
27. 『新・世界史の哲学』二章一四三頁参照。
28. PKO（Peace Keeping Operations）とは国連平和維持活動を意味し、その軍事部門（Force）を司るPKFは、国連憲章第七章第四五条の「国際連合が緊急の軍事措置をとることができるようにするために、加盟国は、合同の国際的強制行動のため国内空軍割当部隊を直ちに利用に供することができるように保持しなければならない。……」に従うものであり、それは、エジプトのスエズ運河の国有化をめぐり、当地への常任理事国にして当該運河の二大株主であった英・仏の植民地主義的侵攻（スエズ動乱：一九五六年）に対し、当時世界一、二の軍事力を有していた常任理事国米・ソを中心に創設、派遣された「国連緊急軍」を以て始まった。そこでは安保理決議における英・仏の「拒否権行使」に対し総会の代行権限行使の途が開かれたが、しかし紛争当事国が米・ソのいずれかであったならば、また今日の軍事大国米・中・露のいずれかであるならば、最早PKFは機能しないであろう。とすれば米軍主導の多国籍軍イコールPKF（国連軍）も成立しないであろう。
29. この運動は、『憲法と国連憲章』によれば「核兵器使用の違法性と核兵器使用の威嚇の違法性を犯罪として構成し、世界法廷に勧告的意見を要請する運動」であり、世界法廷の管轄は、国際司法裁判所規定（憲章一四章）により定められ、総会と安保理はいかなる法律問題であっても勧告的意見を世界法廷に要請する権利を有している、としている。なお核兵器禁止条約は、批准した国家・地域が五〇（発効要求数）を越え国際条約として認められ、二〇二一年一月に、批准国：五一、参加意思の署名：八六を以て正式に発行された。努力の結晶であり輝かしい成果ではあるが、現核保有国を始め唯一被爆国である日本が不参加という壁は未だ越えられていない。

第五章　現代日本の思想と政治

現在世界の直面する危機は、国家の強権的な論理が多くの国家主義者達に支えられ、民主と合理に基づいた世界政治を頓挫させているところにある。今日の日本政治も同じく、国家主義的な思想や言説をベースに、非合理的および非民主的なすなわち極私的で超次元的な「天皇制神道」と非自治的な「対米従属」に支えられ、対外的には民主的な主権国家勢力に同調しつつも、対内的には全体主義的な政治を推し進めようとしている。地球世界が二度と悲惨な歴史を繰り返さないためにも、世界唯一の被爆国であり有数の経済大国でもある日本こそが、国益を超え「民主」と「平和」に根ざした世界政治を先導していかなければならない。そのためにも日本の思想と政治は自らを大きく転換させ、「世界権力」とのたんなる同調政治や自閉的な国家主義政治を脱却していく必要がある。いみじくもこの度の今世紀最大のパンデミックに遭遇しその思いを一層強くする。

1．ネオ・国家主義的言説

現代の多くの日本人は、最も親密な家族の一員として、また地域住民として、そして一日本国民として、さらには「世界人民（地球住民）」として、遠心的に波及していく重層的な関連のなかで存在していると、何となく自覚している。しかし現代版究極の「公」が、この遠心的終端の「世界人民」にあると理解し自覚している人は、それほど多くない。というよりもグローバルな現代社会においてなお一層国家に絶対的な「公」を翳《かざ》し、いわゆる国家主義を扇動する者達で溢れているのだ。

現代日本の政治的思想状況は、議会政党政治の全体主義化（天皇制批判のタブー化、「維新」政治の復活、……）と、巷の店頭やマスメディアを支配している国家主義的言説の蔓延化（「非国民」や「愛国心」の乱発、「国のために死ぬ」犠牲精神の称揚、「教育勅語」の再評価、他者非難のヘイト・スピーチ、……）に見られるような、歴史的逆行が不可逆的様相を呈している。というのもこの「逆行」という言説自体が、「戦後民主主義」を借り物として批判しつつ、他方それを自らの思想的新鮮さを示す嚢として借りるという巧妙ないわゆるネオ・国家主義者達によって嘲笑され揶揄されているからだ。戦後民主主義の「定着」した国際社会にあって、ストレートな戦前への回帰は考えられないし、考えたくもないが、しかし今日の国家主義的な気運は、明らかに「逆行」の相を呈している。

江戸末期に高まった尊王攘夷の公定ナショナリズムの高揚のなかで、薩長を中心に革命的クーデターが遂行され、明治維新が誕生した（一八六八年）。してそれは、復古的な天皇制神道を主とし、資本主義、科学主義、国家主義、民主主義などの近代ヨーロッパ・イデオロギーを従とする全体主義的システムによって統合的に形成された。そこでは従たるその他のイデオロギーは天皇制国家を近代的に強大化するためにのみ動員されたが、ただ思想、精神およびシステムとしての民主主義だけは、しばしば維新政府の手から漏れた。そこで政府は西欧の近代的な諸制度の導入を以て批判的保守層を慰撫し、他方ラジカルな自由民権運動や平民社の運動に対してはことさら抑圧し弾圧した。それでも大正期（一九一二〜二六年）にはいわゆる大正デモクラシーが開花し、政党内閣制が確立し、メーデーが始まり、「普選」運動も盛んに行われた。とはいえ後に制定された「普通」選挙法（二五年）は、結局治安維持法との同時公布という、天皇制国家の絶対矛盾的自己同一化の「罠」のなかで実現されたにすぎなかった。

民主制度をも統御し包括することを意志する天皇制国家の全体主義および国家主義のイデオロギーは、後に反資本主義的な倫理主義とも結びつき、来る「昭和維新」を成就させていった。昭和初期の軍事クーデターは失敗に終わったが、国内はしだいに軍国主義化および帝国主義化し、ドイツファシズムとの結託、中国大陸の侵略そして真珠湾奇襲へ、まさに奈落の世界へと帰結していった。戦後（四五年〜）は、米国の対日占領政策により軍国主義が排除され、絶対天皇制は象徴天皇制となり（公定ナショナリズムのメタ化）、政治や教育はこれまでになく民主化された。しかし連続する天皇制国家の下、伝統の全体主義や国家主義の命脈は断たれることはなかった。

ところで日本の全体主義と国家主義思想の始源は、戦前の西田幾多郎の哲学思想にあった。彼は皇国史観と唯物的史観との全体主義的投企（自己犠牲）の共通性を読みとり、国家主義的な皇国史観への「唯物的投企」を以て、両史観の同時に全体と個との絶対矛盾的自己同一化が果たされると考えた。してこの西田の特異な全体主義的かつ国家主義的な思想が、後に「近代の超克」を唱え皇国史観の称揚とともに資本主義的利潤追求の社会を道徳的に批判する日本浪漫派観念論者に、さらに民間右翼であった北一輝の天皇制国家主義と社会民主主義との合作『日本改造法案大綱』の政治思想へと受け継がれていった。なおこの北の著述が、若い憂国の軍人将校達の聖なるテクストとなり軍事クーデターへと導いたが、松本健一はこの北のテクストが「第二次大戦後の占領下の日本において実現された」として、また暗に「昭和維新」を唱えた一連のクーデターが戦後の「天皇中心の民主革命」を実現させたとして評価している。[1]

北は、万世一系の天皇制論を排しいわゆる天皇機関説的な観点から、天皇制国家に平民社思想由来の普選や労働者権利の称揚、階級差別の廃止、世界連邦の構想などの社会民主主義的な言説を我田引水的に結びつけた。なおこのようなある意味アクロバットな思想は、津田左右吉の、天皇（皇室）は「われらの天皇」であり、「国民が天皇を愛するところに民主主義の徹底した姿」があり、「みずから世界に通ずる人道的精神の大いなる発露」があるとする思想にも通じ、現代の象徴天皇制福祉国家社会誕生を先導したかのような錯覚を与える。[2] しかし北の関与した「民主革命」ならぬ天皇中心の軍事政権を掲げたクーデター[3]は、たとえ時の政府がいかに堕落していると映ったとしても、民間の政党内閣制度の下で大臣達を惨殺することで政治を変革するという、それこそ民主主義（精紳・制度）を丸ごと否定する言動は、ナチスヒトラーの国家社会主義政党や一時かれらと手を結んだスターリン共産主義政党による野蛮な行動と何ら変わりはない。事実かれらの直情的な行動は、天皇中心の軍部独裁政権によるファシズムおよび軍国主義の支配する暗黒社会をもたらすことにもなった。そもそも北の言説やスローガンには一貫性がなく、かれの帝国主義（「黒竜会」）に社会民主主義（「平民社」）をくっつけるというアクロバットな画策は、「憂国」の気概という名の「狂気」を生成させたにすぎない。

北の『改造法案』が新憲法を先取りしたのではなく、後継者達が前者を後者に無理に反映させ、天皇制の連続を担保させせたにすぎない。して今日の新たな国家主義の再燃は、まさにその結果である。

天皇を拝する明治「維新」の心情に源流を有し、戦前の浪漫派観念論や「京都学派」の皇国史観あるいはアジア主義の思想的心情を受け継ぎ現代に蘇るネオ・国家主義。それは、思想的には天皇を頂点にナショナルにしてパトリオチックな思想と近代民主主義や社会主義的な思想との折衷をはかり独自の解釈を展開する言説でもある。巷の言説や思想には大同小異が見られるが、特に知的影響を有する三人の論客、宮台真司と佐藤優と佐伯啓思の言説が重要である。そこで以下各々の思想を順次とり上げ、論評を加えたい。


今から一五年ほど前、当時の宮台ブームを顧みて、わたしは一片の未発表の小論文（「宗教的洗脳装置としての天皇制」）で宮台の思想をとり上げた。改めて関連するフレーズをピックアップしながら、近代リベラリストでありなおかつ宗教的洗脳装置としての天皇制神道に心酔する宮台の、絶対矛盾的自己同一的な言説をとり上げたい。

かつて幸徳秋水がそうであったように、ラジカルな近代政治に精髄した思想家であれ、すでに天皇制神道のような特定の権威ある宗教に心情（信条）的にとらわれてしまっている自己を、あえて対象化し自覚し乗り越えていくことは至難な業である。幸徳はそれでもそんな「偶像的権威」の内面的払拭を遂げたが、宮台は今なお敬虔な天皇主義者のままである。彼のテクスト（特に共著『サイファ覚醒せよ！』）には、自身の国家や政治や教育およびサブカルチュアなどの広範囲にわたる条理を尽くす社会理論が、いわゆる科学の因果律を超える「世界の根源的な未規定性」すなわち「縦の力（非日常的な、芸能、闇の力）の源泉」である、不条理にして極私的な宗教的心情（信条）に支えられ、かかる自らのアイロニーに無自覚な姿が映し出されている。問題なのは、そのようなアイロニカルな彼の論理の非論理性が、近代国家と天皇制を論ずる社会学に持ち込まれ、リアルに「表出」され表現され、そして多くの学徒を迷わせてきた、という点にある。

「日本の近代化に天皇主義は偉大な業績を残したけど、……」[4]「……そして近代天皇制のおかげで列強に仲間入りを果たすことができた」[5]このような天皇制のおかげで近代化が果たされたとする福沢諭吉経由にして加藤典洋類似の認識は、「天皇制の下で近代化を余儀なくされた」「天皇制こそが近代民主主義の足枷となった」という認識や理解と真っ向から対立する。憂うるべきは、彼の条理を尽くすスタンスが天皇の「偉大な実績」の前に委縮し頓挫してしまっている、という点にある。宮台自らが言うように、「縦の力」に感染しやすい個人的な体質や経験が、彼の「理性」を天皇の聖なる絶対的権威の前で挫折させてしまっているのだ。

宮台にとって天皇は「神人」であり、したがって戦後の絶対天皇制から象徴天皇制への移行における「縦の力」の断絶（抹消）、すなわちサブカルチャーの中で自らが郷愁を感じとる原天皇制に対する宗教的心情の断絶は、北や津田の了解とは異なり、「連続性を隠蔽する」失敗とみなされる。彼が、天皇を実存的権威として政治から隔絶させ御所に鎮座させるという、「民主主義」政治からの外部化により両者が補完し合うと考えているが、天皇が制度としての絶対的「公」を僭称するかぎり、それは自らも主張する「近代の徹底」[6]とは明らかに矛盾しており、その点では前述の津田の「天皇（皇室）愛が民主主義の徹底した姿」という了解とそれほど変わらない。

公共の世界において、たんなる人間を現人神と崇め、世襲制を認めることでその家族や姻戚などの皇族をも特別視することは、結局人間社会を聖俗、貴賤なる差別で分断することになる。また天皇制神道を以て、西田哲学ばりの「諸宗教の宗教性」としての普遍性[7]を僭称することは、「信仰の自由」という近代法にも悖ることになる。津田同様、天皇主義と民主主義の絶対矛盾を同一化しようとする宮台の思想は、なおも民主的憲法の筆頭に天皇が「鎮座」する現代憲法の不条理に盲目であるように、また天皇利用の機関説を批判しつつやむなく受容するがごとく、せいぜい折衷や妥協の閾をでない。彼が真に「条理を尽くす」とすれば、「近代の徹底」をさらに徹底しなければならない。すなわち「近代の徹底」込みの「近代の超克」の超克でなければならない[8]。そこでは「神人」といったフェティシズム的権威は脱落し、絶対的平等の覚知の下他者との共生意識が重視される。して現代憲法に対しては、保守勢力の目論む「憲法改訂」とはむしろ反対に、民主憲法に違反し齟齬を来すがごとき天皇条項や皇室典範は削除されるべきとなる。

宮台の言説から戦争の残酷性や深い反省は伝わってこないが、あくまでも「条理を尽くす」という彼の「明晰な頭脳」、それさえもとらえて離さない天皇制神道の宗教的洗脳装置の強靱さと怖さ。いずれにしても彼の天皇教に寄せる心情の喚起と「馬鹿」「阿呆」連呼の「右翼」特有のヘイト・スピーチばりの直情的な非難癖、さらには左翼的言説をも取り込みながらの用意周到な物言いは、天皇主義嫌米スタンスの小林よしのり信奉者をも含めた左右の不満分子の、知的かつ情動的権威に流されやすい多くのインテリを刺激し、一時「若者」の中に宮台ブームを巻き起こした。恐れることは、そのような彼の天皇主義と結びついた愛国主義が、「有事」には彼自身の忌避する一億玉砕的な「国粋」へと多くの人々を動員し、いかに彼が用心深く、あえて国家をリヴァイアサンととらえ、憲法によって国家を規制すべきことを強調しても、[9]「焼石に水」にしかならない、という点にある。

佐藤の社会・国家・天皇制についての言説は、宮台の思想に近似的である。宮台が社会に対して条理を尽くし、その先端において宗教的実存の契機「世界の根源的な未規定性」を以て絶対天皇制と結びついたが、佐藤もまた、資本主義国家社会の矛盾をマルクスと宇野弘蔵の資本論および柄谷行人のアソシエーション論などを媒介に理論的に分析し、[10]なおも極め尽くせぬ理性や知性を超えた実存において、神の救済が皇国史観と手を結ぶ言説および世界観を展開した。ゆえに彼の「明晰な頭脳」が、ある種の「カオス」に襲われることになる。ちなみに彼の宮台類似の「明晰な頭脳」は、国家を暴力独占機関というマルクス主義的な唯物的支配機関としてとらえ、さらに国家資本主義として、宇野理論に沿い、貨幣が鋳貨になるとき、資本主義が自由主義段階から帝国主義（植民地主義、……）に展開するとき、また「タイムラグ」による不均等な資本主義の発展を調整するため傾斜配分政策などが行われるとき、さらには社会主義化を抑制するために再分配―福祉政策を行うとき国家が介入してくるなどと、冷静にとらえた。[11]しかし彼は同時に、宮台とともに、国家を倫理的かつ宗教的に先ずは悪として、そして神的愛の対象としてとらえ、「国家は必要悪です」「強い国家は悪の要素が少なくなる」[12]「究極的なもの（神）に究極以前のもの（国家、……）を近づける」[13]ことが可能であるとした。そしてここから彼は「カオス」に襲われる。

東日本大震災に際して、佐藤は、「「大和こころの勇ましさは、日本国家に一大事が来た時に発揮される」のである」[14]と、明治天皇の御（燻）製によって、必要悪の国家は浄化され神に接近する、と考えた。つまり唯物的な暴力的悪の存在が、国民諸共天皇の御心に同一化し、諸批判を鎮め、諸矛盾を隠蔽することで、唯心的（観念的、超次元的）な神的存在となるというアクロバットな信仰。また生命救助を第一の目的とする救援隊に対し、生命至上主義を非難して国家に生命を捧げることを称揚するという国家主義的倒錯。彼には、救援隊員が仮に職業柄命を落とす確率が高いとしても、それは可能なかぎり避けなければならない事態であり案件であるという自覚も認識もない[15]。そして彼の倒錯した思想の「カオス」は、次の発言で極まる。「人を殺す思想こそが、ある意味で本物の思想です」[16]「究極的に人殺しをもたらさないような思想というのは、ただの思想の抜け殻です」[17]。いかなるレトリックとも解せないが、それとも真顔の発言？

佐藤は、柄谷がかつて天皇の戦争責任を問うたことを全く無視し、柄谷の〈絶対他者＝神人〉論やカントの君主制不問の「世界共和国」論のみを我田引水的に解釈し、持論の神人＝天皇とする国家主義論を補強せんとした[18]。確かにネオ・国家主義者達にとって柄谷は組みしやすく、あえて彼を「左翼」の代表とみなすことを好むが、しかしそれは柄谷自身の思想的限界に由来するものであり、彼の数々の卓越した評論や言説は、少なくとも天皇制国家主義思想の対極をなすものではない。いずれにせよマルクスの、フォイエルバッハ由来の唯物的かつ身体的な、さらには社会歴史的な被規定的自覚を抜きに資本論を語り、柄谷の「神人」論に依拠した国家論を我田引水的に語ること自体ナンセンスであろう。国民国家の法人的人格性を認めるとしても、国家論に天皇制神道や神教などという超次元的にして極私的な観点や解釈の入る余地はない。かつてわたしはキリスト教と天皇制神道との親和性および密通性について指摘したが[19]、そもそも一定の法人的公共性を有する民主国家には、私的で超次元的な宗教が介在してはならないのだ。

最後に、佐伯の言説および思想について述べておきたい。彼もまた佐藤同様二面的な、すなわち資本主義に対する冷静で卓越した観点と、石原慎太郎も讃える国家論や市民論に関する用意周到にして独断的かつ扇情的な国家主義的な言説に依拠している。先ず前者に関しては、彼は「欲望」という高次元的観点を導入した『アンチ・オイディプス』の資本主義分析を参考に資本の機械的自動性に言及し、さらにヨーロッパ近代以後の、爆発し拡大する欲望の指向性・特性に基づいた変移史観を示した。それは大陸大航海時代の外爆発前期、産業革命に始まり植民地主義に及ぶ帝国主義時代に相当する外爆発後期、二〇世紀の移民国家アメリカ大衆消費社会に始まる内爆発のデモクラシー期、さらにその飽和化により収束に向かう現代という、新しい「国家の近現代史」観である。また彼は冷静に、資本主義の始まりや動機を人間の勤勉さや誠実さでなく詐欺や貪欲によるものととらえ、バブル経済を倫理的な問題ではなく市場経済のたんなる属性であり資本主義の本質でもあるとみなし、唯物的に解釈した[20]。とはいえ彼の保守的国家論に根ざした消費中心の資本主義論からは、柄谷や佐藤以上に労働現場の不条理で過酷な現場が見えてこない。

なお後者に関する佐伯の国家論は、宮台や佐藤の皇国史観的な国家論とは異なり、共同体としての国家論、すなわち「共和」国としての「公」論の主張である。しかしその主張たるや、国家権力の不条理をコミットすることよりも、佐藤と同様に「祖国のために死ぬ」尊い犠牲精神が称揚される。当然日本国憲法に関しても、第一条の象徴天皇制に対する非民主性を不問にしたままで、第九条の平和主義のみが批判される。そこでは国民国家を防衛するための軍事力把持の、また私的個人重視の人権・自由・平等の国家的公からの制御の必然性が語られ、国民の権利よりも義務の重視が強調される。

日本国憲法は、あの悲惨な世界大戦に対する深い反省により批准された国連憲章の継承であり、憲法九条は広島・長崎の核被爆を踏まえての（GHQの戦略的意思は無視できないが）、憲章の発展的な姿を顕示している。佐伯はこの憲法生成の趣旨や経緯をあえて問わず、九条は理想にすぎない、非戦世界平和を求める脱国境的人権意識に根差した「地球的市民」の概念も運動も空虚と、冷笑的に揶揄する。彼によれば、近代以前の本来の市民とは、選良的な特権意識に根ざしており、いくぶんの誇りと排他性をもっており、国境を超えることはありえないのである。[21]人権、自由、平等には絶対的普遍的価値がないなどと主張するときの彼の本音は、皮肉にもその相対性ゆえの多元的他者性（未開・半開の人々）を擁護するという民主主義的な身振りを以て、結局自閉的特権的な自らの保守的見解を擁護するという意図にあった。[22]

いずれのネオ・国家主義者にも共通しているのは、かれらのプライオリティは聖性国家への「全体主義化」にあり、また社会の分析や解釈において唯物的および科学的であるかと思えば、いきなり宗教的および道徳的であるということ。なおかれらのこのような次元を跨る絶対矛盾的自己同一的なスタンスは、戦前より一貫する、西田や浪漫派観念論者さらには北一輝による、「近代の超克」論、皇国史観、天皇制社会主義論などに基づいた国家主義的思想の踏襲でもある。確かにそこには「ネオ」に相応しい資本（主義）論およびその超克に関する革新的な解釈も見られる。しかし国家（主義）論に関して言えば、ただ踏襲するだけでいかなる発展も見られない。またそこには戦前・戦中の国家主義が全体主義や軍国主義を推進し、未曾有の惨劇をもたらしたことへの深い反省も省察もない。そして今もなお天皇や国家への忠誠や「尊い犠牲」を称揚しているのだ。

そのような「貧困の精神」（本田勝一）に憑かれたネオ・国家主義者達は、自らの「理性の渇き」を、伝統の国家主義に戦後日本に導入された民主主義諸制度を「借り物」であるとして揶揄しつつ享受し、さらに社会主義などのいわゆる左翼的な言説さえも巧みにとり入れることで癒している。ゆゆしきは、このある意味アクロバットな思想が、日本のいわゆる保守政治を支え、多くの政治家や知識層を惑わし、かれらを一極に牽引することで全体主義的な政治社会をつくり出している現状にある。皮肉なことだが、その先に想像される社会は、かつてかれらの最大の敵であった中国・ロシアの国家社会に近似した、まさに不自由・不平等・不快な専制社会である。

マルクスの身体的自覚を捨象した唯物主義や経済主義を、聖なる神の国家への上昇を説くヘーゲルの国家主義に結びつけるこの種の「芸当」が、とりわけ現代日本の若者の心をとらえ、国家主義に対する民衆の抵抗意識を格段に減退させた。こうして「安定」を手に入れた現代の天皇制民主国家とは、戦後衰退した国家主義とその反対軸を形成してきた共産主義のお互いが自覚的および無自覚的に、戦後の天皇制民主主義の下で野合（体制内化）することにより成就してきた、ネオ・全体主義国家社会の姿ではなかったか。

2．脱天皇制社会へ

国際的人民主権に立脚するならば、プチ全体主義的な現代天皇制日本国家社会からの脱却は必須となる。脱却とは、つまり国家的「公」に纏わりつく観念的かつ宗教的権威の排除であり、神道天皇制国家の超克が究極の課題となる。それはゆえに、宗教的課題というよりも、何よりも全体主義社会を避ける政治的課題としてである。目指すは、戦後の象徴天皇制国家に対するラジカルな民主化の遂行であり、そこでは「反」と「脱」の天皇制論が最大のメルクマールとなってくる。

ところで戦後、反天皇制論を最も先鋭に構築したのは、菅孝行であろう。彼はかつて『天皇制・解体の論理』の中で、そもそも「天皇制」とは打倒論者によって命名されたものであり、したがってそれは天皇制批判のための概念および解体のための定義である、と述べ（七頁参照）、戦前・戦後の数々の天皇（制）論を批判的に総括し、卓越した天皇制論を展開した。そこで以下本書を中心に、改めて天皇制および天皇制論について考えてみたい。なお菅の天皇制論の卓越性は、彼の分析が具体的な社会的権力関係から観念的歴史世界まで広範囲に及び、何よりも歴史を偽造する天皇制の擬制が支配権力者達によって公的統合性を以て獲得されていく過程を明らかにした点にあった。[23]

とはいえマルクス・レーニン主義の盛んな七〇年代当時、彼の主張にも教条的な「打倒論」ゆえの「限界」も見られた。それは、近代民権思想家中江兆民の愛弟子にしてその「超越（徹底）」者でもあった、水平社の中心人物幸徳秋水の思想を、社会主義思想のイニシアチブ的な評価を与える一方で、「あまりにも素朴でコスモポリタン的な、反国家主義、反君主主義、反資本主義にすぎない」（八頁）

と評した点に窺える。そこではたとえば幸徳の、当時日本の帝国主義を批判し、他方マルクス・レーニン主義によるソビエト・ロシアの中央集権的な害悪をも見抜いた「先見の明」が、菅のまなざしから捨象されていた[24]。

また幸徳を「無政府論者」にして「普選」を主張する民主主義者という、矛盾する思想家としてその思想的限界を指摘する識者もいるが、それは適切な評ではない。彼はただ、当時の絶対天皇制国家社会の不条理のなかで、当初は議会重視の社会民主党の設立に貢献したが、自らの脱天皇感情の高まりとともにその限界や危うさ（体制内化）をも自覚するようになり、しだいに無政府主義革命的組合主義へと傾斜していったにすぎない。ゆえにそれは思想的な矛盾や限界の現れではなく、むしろ民主主義の徹底という彼の一貫した思想の帰結であった。だからこそ彼は、自らの主張する一連の反帝国主義、「普選」、地方分権、反天皇（君主）主義、無政府主義革命的組合主義を、各々の限界と役割を見極めつつ、ラジカルな社会主義的「民主化」運動を以て包括的に推進しようとしたのだ。そこには北のごとき、天皇制帝国主義と民主主義・国際平和主義との間の絶対的矛盾を自己同一化するなどという妄想の欠片も見られない。

幸徳の思想・言動に見られる「矛盾」とは、結局明治という時代および社会、すなわち明治維新以降の新・旧、革・保の矛盾を自己同一的に折衷し統合する天皇制国家社会の矛盾のその投影かつ対応と心得たい。かつて私は、明治維新の運動を次のように評した。

この運動は、抵抗のナショナリズムと西欧の民主的な思想との結びついた、ナショナルにしてデモクラティックな革命的クーデターの様相を呈した。してその思想的基調は、超次元的なすなわち「超・気」的天皇神道のイデオロギーと民主主義、資本主義および帝国主義なる近代西洋のイデオロギーの矛盾合体にあった。結果誕生した明治維新国家は、自ずと「天皇神道〈復古〉」と「文明開化（革新）」が混在する歪な天皇制民政によるネオ・中央集権国家となった（『唯物的空なる気の世界』一七九頁）。

この天皇神道による矛盾統合体としての明治維新国家をどのように認識し理解するかが、後の反・脱天皇制論の展開に大きく関わってくる。その点では当時の明治維新国家に唯一真っ向から対峙した幸徳および水平社の画期的な思想や運動は、後世の革新的な思想や運動の「端緒」となり、思想的「参照」となった。とりわけ幸徳は、すでに剰余価値、生産過剰、恐慌の出現など資本主義的矛盾を理解し（『社会主義神髄』）、また「普選」の意義と限界を、さらに「直接行動」すなわちゼネストなどの労働者運動の意義を指摘しており、彼の思想と運動はマルクス・レーニン主義者集団や政党からの「コスモポリタニズム」「ブルジョワ民主主義」といった批判をも乗り越え、戦後日本の超党派的なラジカルな思想や運動に受け継がれていった。

とはいえかれの天皇制論は、激情の先行した「大逆事件」（一〇年）が象徴するように、理論的に未熟な段階にあったことも事実である。菅によれば、天皇制打倒の理論的フレームが成立するのは、戦前の日本共産党（二二年結党）による、二〇年代後半から三二年にかけての、「二七年テーゼ」や「三二年テーゼ」においてである。ちなみに二七年テーゼでは、「君主（天皇）制の廃止」と「プロレタリア革命（ブルジョワ階級独裁の打倒）」がともに掲げられ、前者では天皇制が前近代的遺制としてみなされ、「打倒論」は普選要求や八時間労働要求などと同じ「ブルジョワ民主主義」的要求の一項としてとりあげられた。他方三二年テーゼでは、天皇制は地主としての寄生的封建的階級と強欲な資本主義的ブルジョワ階級の、両階級の利益を代表し、以而非立憲的形態の下その絶対的性質を保持しているとしてみなされ、革命の目標が「天皇制の転覆」「大土地所有の廃止」、「銀行や大企業に対する統制」が統一的にとらえられた。がしかし、その方式となると、ブルジョワ革命からプロレタリア革命に至る二段階論に依拠し、「天皇制打倒」はブルジョア民主主義革命のなかに一括されることになった。いずれのテーゼも「天皇制」を民主主義の問題としてとらえたが、結局ブルジョワ民主主義理解の域を出ず、民主主義の精神も論理もそして天皇制も「プロレタリア革命」の大義名分の前で理論的な検証がオミットされてしまった。

以上の日本共産党のイデオロギー的限界は、当時労農派と講座派を中心に闘われた日本資本主義論争にも認められた。労農派は世界資本主義の観点から明治維新をもっぱらブルジョワ革命として認識し、天皇制打倒論を棚上げすることでブルジョワ帝国主義や軍部ファシズムと闘うことを優先したが、共産党の主流 - 講座派は、天皇制打倒を重視した。しかし講座派も天皇制をブルジョワ革命の一環としてのみ外在的にとらえたために、いずれ労農派同様天皇制を重視しなくなり、ついに戦後（象徴）天皇制を認容するまでに至った。

いずれの理解や経緯も、菅の指摘するように、「一九二〇～三〇年代における日本の国家の、階級支配の様相は、……近代化と反近代化の、支配階級が願望する均衡の表現にほかならなかった」（二五頁）ことに自覚的でなかった結果ではなかったか。いずれにせよ問題は何よりも、天皇制がもっぱら「外在的」にとらえられた点にある。だが明治維新以降の天皇制国家が前近代〈天皇制・封建制〉と近代（資本主義・民主主義）の絶対矛盾的自己同一化により生成した近代国家でありえたのは、実は天皇制の外在的にして内在的な、政治的にして文化的、精神的にして情動的および宗教的な、さらには強靭にして柔軟な融通無碍なる支配機能によるものであった。したがって戦後の天皇制論は、戦前の打倒論とは異なる、多次元的かつ多様な観点からのアプローチが重視されるようになった。

菅によれば、戦後の天皇制に対する主要なアプローチとして、特に丸山真男の近代政治学のエコールによる「精神的構造からのアプローチ」と吉本隆明の「民俗的かつ宗教的観点からのアプローチ」が挙げられる。丸山は、超国家主義下の大衆の私的なものを喪失し、「究極的な価値」の実体たる天皇へ同心円的に翼賛する意識動向を分析し、天皇制を「大衆の精神構造論までを射程に入れた全体的なパースペクティヴ」（五〇頁）として自覚的にとらえた。しかし彼自身「外在的」把捉に終始する「明晰の罠」には自覚的ではなかった。他方吉本は、竹内好の天皇制が「一木一草」の中に偏在するという民族的心性説に呼応し、かかる民族的負性を時間的かつ宗教的に解釈し、民衆の内部に宿命的被拘性（大衆の原像）として取り込み、「共同観念」の幻想体系としての天皇制を明らかにした。

改めて吉本にとって、天皇（制）とは、内在的にして宗教的な「絶対的な感情の対象」であり、したがって彼は、菅にさえ見られたいわゆる政治一辺倒の教条的な打倒論を批判し、「打倒派」などの「古典的党派性」を揚棄する「自立」思想や、謎の科学的解明（祖先崇拝と天皇の接ぎ目の発見）による「無化」思想を生み出した。彼のこのような斬新な脱構築的な思想や理論は、しかし竹内の宿命的な「一木一草」の「非政治性」を一層深化させ、天皇制からの解放を無期限化させることにもなった。

なお吉本の当初の政治的なラジカル性や観点の喪失および脱落は、彼自らの実存的かつ宗教的観点すなわち「無化」の不徹底性にあった。つまり天皇（制）に対する彼の「無化」は結局外在的解釈一辺倒であり、自らの内部における負性として充分自覚していなかった、ということ。その点では彼の天皇制論も戦前の解釈論を超えることができなかったことになる。[25]

菅も主張するように（二一六頁参照）、象徴天皇制という非政治性的政治の自在性は、歪《いびつ》な天皇制民政という全体主義体制を民衆の自発的承認や同意の様式にすりかえる儀式の象徴としての、まさに戦後の反体制運動や民衆の意識から天皇制を抜き去るほどの生命力の証であろう。天皇制の廃絶とは、したがってこの儀式における社会全体（政治的、文化的、法的、宗教的、……全体）に及ぼす象徴力の徹底的な剝奪となる。すでに「プロレタリア独裁」が幻想となりむしろ「専制」の象徴とさえなった現在、改めて反天皇制論が国家主権の域を超える民主化論の主要な課題として浮上してきている。反天皇制の運動は、したがって打倒論の教条的外在論や脱政治の俯瞰的内在論にさえ巣くう主体自らの天皇神話の「残像」を無化するとともに、多様多次元的かつ全方位的包括的な、ラジカルにして漸次的な、また反・原発が脱・原発により市民権を獲得していったような、「自治」と「民主」を身体に刻むラジカルな民主化・脱天皇制の運動として展開していかなければならない。

脱天皇制論とは、前述の宮台の推奨する天皇の「京都御所への帰還・鎮座」説を超える、すなわち彼の「近代の徹底」の徹底と天皇自体の公共的存在から私的かつ「私―共」的存在への政治的制度的措置を促す、そのような言論を総称する。大塚英志は『感情天皇論』の中で、天皇が「父」でありながら「母胎」でもあり、かかる未生の無意識的な世界への「胎内回帰」の欲望は、「この国の近代文学からサブカルチャーまでが共通に持ち続けた成熟忌避」（二三一頁）の感情天皇論によるものとみなし[26]、それは「私たちが近代的個人になり、……その上で公共性の形成に責任を以て参加する、……要は選挙という民主主義システムを正しく機能させていく前提としてあるべき姿への「サボタージュ」がもたらしたもの」（三一四頁）と批判した。よって彼は、リベラルな象徴天皇制の構築ではなく、天皇家に「個人となる権利」を返し、天皇制を断念すべきと説き（三二二頁参照）、その方法として、「皇居を含む皇室財産や歴史遺産・文化遺産をバチカン市国のように「国」として日本から切り離し、その新たな「国」の管理下に置くこと」（三二二頁）を提案する。脱天皇制論の、不徹底ではあるが一つの有力な方法論とも言えよう。

井崎正敏も文学的実存的な観点を除けば、おおむね大塚と類似の脱天皇制論を展開している。彼は、竹内好の「一木一草」といったペシミスティックな「思い込み」を排し、脱天皇制を政治的な「国民的課題」として示し、冷静に現代日本の天皇制社会状況を分析する。『天皇と日本人の課題』の中で彼は、政治制度としての天皇制が大筋において終焉に向かっている、高度資本主義社会・グローバル化という条件が天皇制の存続に有利に働かないし、民主主義と天皇制とを共存させる思想的動機も失われていく、習俗として天皇制に新たなかたちを与えている国民の処世感覚や欲望も気まぐれなもの、とはいえ制度をただ廃止してもその他の宗教的文化的な面は残るなどと分析する（二六頁参照）。そこで、天皇制が法規定から外れ、個々の国民・住民が自由に選択できる一つのオプションとなり、他の宗教や文化制度と等価な位置を獲得し、ローカルで任意参加の文化共同体となるべき（二〇四〜五頁参照）ことを主張する。これぞ脱天皇制の着地点と言えよう。

井崎の天皇の退場と国民に「元服」を促す言説には、吉本同様に「国民」への楽天的な信頼が窺えるが、彼はけっして現在の象徴天皇制を脆いものとのみとらえたのではない。菊のタブーの再生産は宗教的威力よりも、暴力装置としての「右翼」の幻影と「世間」からの離反に対する民衆の怯え（同一八八頁参照）によるものであり、よってこの感覚がなくならないかぎり、また天皇という情報価値による、聖なる権威としての「上」からのタブーの再生産と、「下」からの大衆天皇制（松下圭一）の根深さが上下一体的に作動する、天皇の「聖家族」にたいする憧れ、メディアの競演と自主規制、議会内の天皇制批判のタブー化に伴う全体主義的政治、天皇行幸や儀式に伴う微罪逮捕や予防拘禁などの暴力的統制[27]、「上級国民」の再生産などの宗教的・暴力的・貴族的世界がなくならないかぎり、天皇制から脱することができない、と彼は考える。

戦後の日本国憲法は、第一章（天皇条項）と第三章（国民条項）【第二章（戦争放棄）を含める】との間の、また大日本帝国憲法と国連憲章との間の、折衷、妥協、改竄、擬制を以て恣意的に作成された、まさに日本国家の絶対矛盾的自己同一性を支える最高法規、すなわち最強最大のメルクマールおよびエクリチュールとなった。してその「同一性」は、戦前と戦後の「連続性」と「断続性」を併せ持つ「象徴天皇制（天皇制民政）」に担保された。それは、戦後日米権力者達による大衆支配と統治のための「野合」の象徴であり、矛盾を隠蔽するために案出された苦肉のマークでもあった。なお矛盾とは、アナクロニズムな「恩赦」制度に依拠する天皇の権威と、個人の自由と平等に依拠する近代法の権威との、明らかに二律背反的なしかし絶えず前者が後者を凌ぐという矛盾であり[28]、当該憲法が存続するかぎり、この矛盾は永遠に克服かなわず、新たに「上皇」制度が敷かれたように、むしろ多彩に拡大再生産されるであろう。

政治的矛盾の源泉は、日本の歴史の中心（頂点）に天皇が、政治的権限の強度にかかわらず、宗教的象徴として「君臨」し、個々の民衆を外在的および内面的に支配し「統合」してきたことに極まる。したがって戦後の「象徴天皇」制もまた、表面的には政治的権限が奪われ政治的機能が無力化されたように見られるが、「統合」する宗教的威力は戦前も戦後も変わりなく、政治や政治的権力者に及ぼす影響力は依然大きい。つまり「断続性」は「連続性」の画期的な「露払い」にすぎないこと。その点では戦後憲法に関し、日米支配層が国民主権という建前（原則）を配慮し、天皇に「象徴」という言葉を冠することで民主的なイメージを印象付けようとした思惑は、いかにもその場しのぎの妥協の産物であったかが知れるであろう。矛盾の源泉を断たずして、民主的な政治を確立し発展させていくなどありえないのだ。その点では米国支配層（GHQ）の軍国主義日本の「民主化」という画期的な事業が中途半端なままに、連続する保守政権のたんなる「露払い」に終わってしまったことは、まさしく権力の作為による「歴史の狡知」と言えるであろうか[29]。

周知のように、日本国憲法第一条で「天皇は、日本国の象徴であり日本国民統合の象徴であって、この地位は、主権の存する日本国民の総意に基づく」と述べてある。確かに戦後の天皇制の存続が、戦前・戦中を通して天皇制神道および軍国主義に洗脳され、しかも当時戦争ですっかり疲弊した、民主と自治に対する意識の希薄な大多数の無自覚的な民衆の意向であったかもしれない。しかしそれでも戦争を自覚的に反省し「断絶」を願う何割かの者達が存在したわけであり、当時の日米支配層は、以上の「国民の総意」なる文言を以てそのような戦争を真っ当に反省する者達の存在や意見を消してしまったのだ。そして今や、この文言が戦後七五年の現代に至る過程において、かつて反天皇制の急先鋒であった共産党をも巻き込み、保守政権の地位と地盤を強固にし、拡大させ、「反天皇制」をタブー化させ、再びネトウヨ（ネット右翼）などによる「非国民」や「売国奴」といったヘイト・スピーチの飛び交う国家主義的な「歪んだ社会」を招いている。[30]

なおこの「反動」的な気運に便乗した保守政権や保守勢力は、明治維新国家以来の連続性をさらに強めるために、既成事実を積み上げることで断続性とは逆のベクトルを示す「改憲」を目論み、戦争放棄の条項を空洞化させようとしている。とはいえ国際的には民主制までも廃棄しうる状況になく、実質全体主義的な連続性を強めつつ、表面的対外的には断続性をも語る政治的戦略をとっている。「総保守化」や「体制内化」と言われ始めて久しいが、全体主義化のそもそもの原因は、何よりも戦後の日米支配層による不徹底な戦後処理・断絶の不履行（天皇制存続）にあったことを、改めて強調しておきたい。

基本的なことだが、「民主化」主張の背後には、全体主義的な政治社会に対する批判的な認識がある。日本社会ではゆえにその最大の牽引力となっている天皇制に対する批判は避けられない。とはいえ前述したように、この天皇制への洗脳域は広くタブー性は根深い。それは保守権力支配層と情緒的な天皇信奉者ややたら「気概」を振りまく学者達が中心となりマスメディアを動かし、大衆を扇動しているからだ。[31]しかし圧倒的多数の民衆は何となく支持させられているにすぎず、それだけに現天皇制の虚構性を、また国民主権と象徴天皇制を同時に謳う日本国憲法自体の矛盾を明らかにし、脱天皇制の重要性を訴え大衆の自覚化を促していかなければならない。

ところで「国民の総意」の文言手続きの不明な「憲法の矛盾」に対する批判は、天皇の唯一権限的な行為である「国事行為」の欺瞞性、違反性、不要性の指摘・暴露から始めなければならない。憲法第四条で「天皇は、この憲法の定める国事に関する行為のみを行い、国政に関する権能を有しない」となっているが、そもそもこの条文規定は、「国事」とは徹頭徹尾「国政」であるという事実を隠し、あえて国事には政治的機能がないとする文章詐欺により成立している。天皇が国会の召集、憲法の公布、選挙の公示、内閣総理大臣の任命、国務大臣の任免などに関わるこれらの「国事」行為は、「国民意識を一つに統合する」という、極めて高度の超政治的政治機能を果たし、「政治的権限を実際にもたなくとも、国事行為を行う主体として天皇が存在すること自体が、日本において大きな政治的意味を持っている」のである。[32]

問題は要するに、国民の代表である政権が天皇の傘の下で国家主権を担うという、すなわち国事行為という言葉を以て権威ある利用価値の高い「連続性」を国家統合の象徴とするという擬制的な構図にある。そこでは主権者「国民」の代表である日本国元首の総理大臣自らが、たんなる世襲の天皇に深々と頭を垂れ、それに政府や国会議員そしてマスコミまでも「追随」し、さらに国事行為の規定にさえも反するような皇室外交、内奏、巡幸などの超法規的な行為が慣例となり、国民が天皇こそが元首であるかのような錯覚を懐く。現下の国家主義的な政権には馬耳東風だが、このような国家主権を

DNA天皇に担保させ国民主権を「支配」する象徴天皇制国家社会を存続させることは、必ずや現代の人種の混淆する民主的なグローバル社会に多大な齟齬や疎外を来すであろう。先ずは憲法の天皇条項の撤廃と天皇制神道の極私化を目指し、政治の刷新をはかっていかなければならない。

3．日本政治の刷新と役割

近年独裁国家北朝鮮による一連の核ミサイル「実験」発射は、世界を震撼させ、ミサイルの射程内にある日本にとっても大きな脅威となっている。核の恐怖や脅迫を以てする非なる「政治」は、世界の未来に最悪のシナリオをもたらす。北朝鮮の暴挙は決して許されないが、しかし核の問題はつねにグローバルな課題として問われねばならない。現在世界の核の強度や数量は、広島・長崎に投下された当時の原爆の規模をはるかに凌駕しており、さらにその所有する国家も増加している。[33] 今世界に核戦争が起これば人類滅亡に至るであろうことは誰しも分かっている。にもかかわらず世界全体の政治ベクトルは、核廃絶とは真逆の内向きの、核の抑止力や防衛力に期待を寄せる自国中心的な開発や推進に向かっている。世界で唯一核被爆を強いられた戦後日本社会においてさえ、同様のムードが拡散している。そこには日本政治を担う我々こそが核廃絶運動の積極的主体となり、国際社会において「名誉ある地位を占めたい（憲法前文）」という自覚も気概も見られない。

改めて一九四五年の米軍による広島・長崎への原爆投下は、対米侵略戦争の開始と終結遅延の判断を行った日本の支配層と、日本の軍都を破壊し戦争を終結させることと暗黙の核の威力を試すことの二つの目的を以て投下を決断し指令した米国支配層との、当時の両支配層によってもたらされた大惨禍であった。であるにもかかわらず、いずれの支配層もその責任を全うしないままに、米国はむしろ核開発や軍備の増強拡大とハイテク化に余念がなく、また日本の支配層も明確な責任もビジョンも示すことなく、米国の「核の傘」の下で、非核三原則さえも反故にするようなアクションをとり、他方核廃絶運動には消極的なスタンスを固持してきた。唯一反省の一端を示す国家補償法（六八年）も、ある意味被爆者の不満をなだめ、核廃絶運動を緩和する効果を狙い、被爆者集団に対する両国家の責任を個々の被爆者への補償によって免れようとして制定されたものでしかない。[34]

日本の戦後政治は、まさにそのような核の問題をはぐらかし、戦争責任を曖昧にした無責任体制を以てスタートした。結果後の保守政権は、アメリカの対日民主化政策をしぶしぶ認容しつつ、他方軍事戦略に関してはアメリカの「覇権」主義に従属し便乗することで、戦後の恩寵の「借り物」民主主義さえも形骸化させ、さらに世界の軍事的脅威を強調することで、自衛口実の反動的な再軍備増強をはかってきた。そして現在、国家の国家主義化という逆行的な動向のなかで、[35]保守政権内部にあってさえA級戦犯容疑者にして国家主義者岸信介の末裔である麻生・安倍そして菅に至る右派陣営が実権を掌握し、政権批判人物の排除と個々人のＩＴ管理により、ネオ・全体主義的な国家社会の実現を目論んでいる。以下改めてこの戦後日本の反動的な無責任政治を時系列的に明らかにし、対抗政治の新たな可能性およびシナリオの考察につなげたい。

戦後アメリカ・GHQ主導により、「神格」と統治権の剝奪された世襲「天皇」と、主権在民・人権尊重・戦争放棄なる「民主」「平和」の文言および制度が、明治維新以後再び衣を変えて絶対矛盾的自己同一的に刻印された、国家の最高法規：日本国憲法が公布された（四六年）。なお「矛盾」とは、日米政治のネガとポジすなわち日本の「天皇制」と「民主・平和」であり、米の「覇権」と「民主」の二律背反的な意志を反映し、「自己同一」とは、天皇制民政による日本政治のアメリカ政治への軍事的サブシステム化を意味する。占領当初GHQは、天皇制のサブシステムとしての日本政治を認容したが、同時に日本軍の解体と戦争の永久放棄（憲法九条）および社会の民主化というポジティヴな政策を先行させた。ところが朝鮮戦争（五〇年）の勃発を端緒に米ソ冷戦が深化・拡大するやいなや、アメリカは対ソ戦略のために日本に対してネガティヴな軍事的政策、すなわち在日米軍を補完する日本独自の「警察予備隊」を創設させ、再軍備化を迫った。さらに米政府は対日講和条約と日米安全保障条約を締結し（五一年）、日本の自主権の回復と同時に、旧領土の放棄、沖縄・小笠原諸島の信託統治、自衛権の容認と在日米軍の駐留を決定した。

かくして「独立国」となった日本は、朝鮮戦争の休戦（五三年）後はむしろ主体的に自衛（軍事）力をアップさせるため、日米相互防衛援助協定を結び警察予備隊を新設防衛省管轄の陸・海・空の一体化した自衛隊へと格上げさせ（五四年）、さらに米国の対日経済民主化政策と朝鮮戦争の特需をバネに高度経済成長を促し、[36] その結果主権国家として国連の加盟（五六年）に及んだ。とはいえ自衛隊は米国の覇権的世界戦略の軍事サブシステムとして運命づけられており、国連の一員となった日本は、戦争放棄の日本国憲法九条の上に、「個別的又は集団的自衛の固有の権利」を認める国連憲章七章五一条を置き、憲法九条を有名無実化（解釈憲法）することで自衛隊の軍事的任務を高めていった。そして改めて米国の覇権意志と日米の軍産的関係を再確認するかのように、新日米安保条約・地位協定が締結された（六〇年）。

岸首相によって強行採決されたこの法案は、「極東」の明示、米軍の対日防衛義務、有事行動時の事前協議の盟約など、対等な関係に立っているようで、しかし実は在日米軍の駐留と治外法権をまた基地や施設および経済的な諸特権を認める不当（等）なものであった。よってこの成立は日本安保の対米サブシステム化を一層強化し、日本の自立化を阻むことになった。国家主義者岸にとって、国家の自立はイコール政治統制と軍事力頼りしかなく、結局新安保以降の日本はアメリカの軍事的世界戦略に巻き込まれつつ軍備増強をはかることに傾注していった。しかし日本列島の札付きの軍事基地化を支える安保条約に対し、まもなく自覚ある学生が中心となり安保反対闘争を起こし、それはしだいに反体制的な労働運動や社会主義運動、また反天皇制・反核運動、さらには大学授業料値上げ反対運動など、「自治」・「革命」・「民主」・「生活」などに関わる幅広い対抗政治運動へと発展していった。

だがこのようなラジカルな学生・大衆運動も、日・米権力の強固な壁に阻まれ、主だった成果を上げられないままにしだいに目標を見失い挫折を余儀なくされ、結果イデオロギーのみが独り歩きし集団内部の分裂を引き起こしていった。統制的なスターリン主義批判を皮切りに、運動の主流を形成していたマルクス・レーニン主義集団は毛派やトロツキスト派および民青派、革マル派や中核派あるいは赤軍派、民族派などと、解釈や行動指針の相異から多岐に分流・分派し、元来が「民主主義」の弱い思想および集団であったため、運動内に亀裂が走り、結果各々がセクト化し、暴力、内ゲバ、粛清の罠に陥っていった。「統一戦線」が幾度となく叫ばれたが、結局我田引水し合う「烏合の衆」であるほかなかった。また議会内野党も党勢拡大や党利党略など、国家主権政治の指向する運命を回避できず、対抗政治運動は、そうしてくしくも高度資本主義経済の発達に伴う「一億総中流化」に呼応するかのように、自壊自滅の体制内化の途を辿ることになった。

ところで反対勢力の瓦解や体制内化に成功した日本の保守政権は、日本経済の好景気を背景に、OECDに加盟し東京オリンピックを開催し（六四年）、さらに小笠原・沖縄諸島の返還（六八年／七二年）を経て、ますます国家体制を強化していった。とはいえ日本の軍事的な対米従属は変わらず、ヴェトナム戦争（六五年）から湾岸戦争（九〇年）へと米国の国連の「正当性」を踏み台とした「侵略」戦争に引きずられるままに、日本政府は日米安保の及ぶ範囲を拡大（「極東」から「中東」へ）させ、自衛隊の「後方支援（日米共同戦線）」を展開していった。さらにこのような安保条約の拡大解釈をあるいは自衛隊の「海外」派兵を正当化するために、政府はかねてからのPKO法案を制定させ（九二年）[37]、さらに北朝鮮の核ミサイル攻撃の脅威の増大にも即応し後にその一部改訂を行い、周辺事態法などの新ガイドライン関連法案を閣議決定し（九八年）[38]、自衛隊のイラク派遣（二〇〇四年）をも可能にしていった。

一方国内的には、天皇制のサブシステムとしての日本の政治は、オウムサリン事件（九四年）を受けて、政府が新ガイドライン法案とセットに、住民基本台帳法改訂案と盗聴法による組織犯罪対策法の危機管理国家法案を提出し（九八年）[39]、さらにアメリカの９・１１同時多発テロ事件などを受けて、安全保障のための緊急事態への対処として、日本版ＮＳＣ法案と、罰則の適用が野放図に広く重い特定機密保護法案を成立（二〇一三年）させていった。なおこのような自由と民主主義を脅かす「解釈改憲」や有事法制に対し、自覚ある学生達が「ＳＥＡＬＤｓ」を結成し反対運動を展開したことは記憶に新しい（二〇一五〜六年）。だが保守政権はこの運動を押し切り、その収束とともにかつての「大逆罪」にも準じる悪法、「共謀罪」[40]を成立（二〇一七年）させ、「民主共和国」であることを口実に社会の監視と懲罰を強めている。また同時に国民全体の管理を促進するために、課税と社会保障の利便性を名目にしてマイナンバー制関連法を成立させ（一三年）、さらに今日運転免許証とＩＤナンバー（顔認証入り）の一体化による個々人のデジタル管理を促進させ、社会の国家主義的全体主義化を完成させようとしている。

加害国（対アジア侵略と対米真珠湾奇襲、……）にして被害国（核被爆、本土空襲、……）ともなった日本の歴史的現実に即するならば、日本が今後目指すべき政治は、深い反省と謝罪、そして何よりも強い変革への意志の政治、すなわち戦後日本社会の天皇制サブシステムと覇権主義的な対米軍事サブシステムからの脱却でなければならない。なおその際に最大限留意すべきことは、戦中・戦後から今日にかけて、この両サブシステムが最も重圧となってのしかかったのが沖縄の民衆であったということ。しかし厚顔無恥な現政権は、現在なおも沖縄米軍基地の宜野湾から辺野古への移転のために、工事困難な軟弱基盤ゆえにかなりの年月も費用もかかり、しかも自然破壊と諸生命の危険を愁える住民の反対と玉城県知事の未承認にもかかわらず、強引に湾の埋め立てと開発を推進しようとしている。

沖縄は、軍事・保守政権によってこれまで戦中・戦後を通して、青木理や吉田敏浩も述べているように[41]、敗戦濃厚な状況にあってさえ本土死守（国体護持）のため凄惨な地上戦を強いられ（捨石とされ）、戦後は米軍の軍事拠点（要塞）として統治下の屈辱を受け、さらに復帰後の現在もなお過重な米軍基地（〇・六％の国土面積に七四％）を押しつけられている。この沖縄の苦渋の民衆史は、日米権力の結託した軍事戦略によってもたらされた、天皇制と日米安保法制下の「理不尽」と「桎梏」を物語るものである。ゆえに在沖縄米軍の辺野古移設やオスプレイ配備に対する反対運動は、この両サブシステムからの脱却を踏まえた全国版民主化運動の重要な拠点運動としてとらえるべきであろう。[42]

改めて日本の民主化運動の役割は、以上の両システムからの脱却を目指し、投機的金融資本と独裁政権国家により攪乱されている現代世界に対峙し、地球の民主的で公共的なセーフティネットを形成していくことにある。日本政治としては、そこでは自らを刷新し、率先して世界に冠たる民主自治国となり世界政治をリードしていくという責務と自負が問われる。というのは日本が世界で唯一の核被爆国にして、非武装中立のコスタリカ同様の絶対平和主義のその象徴である日本国憲法第九条を有し、しかも世界有数の「先進」国であるからである。してそのシナリオは、前述の国連の改革・再編に従い、世界の軍事主権を担う「民主世界政府（ポスト国連）」を構築し、その下での「世界安保」に日米安保を吸収させ、「自衛隊」をPKOの救援活動の中心を担う国連軍の模範としていくというもの。

なおそのために日本の民主政治は全地球の民主的な諸国家政府や政治団体と積極的な外交を展開し、各国の民主化運動とも連携し世界の反軍拡、反経済格差、反核、反独裁の運動のリードオフマンとなることが求められる。なお東南アジア諸国の一員としては、大国のいずれの軍事ブロックにも加わらない、しかしアメリカやEUなどの欧米民主主義政権による対独裁国家群の封じ込め作戦（ASEAN、G7サミット、Quadなど）との連携や非同盟諸国による自主と平和の運動[43]との連帯を強めていく。

ところで日本が世界のリードオフマンになることとは、保守政権が望むような、日本が安保理の常任理事国入りを果たし「世界権力」の一員になることとは、本質的に異なる。確かに日本の国連への資金上の貢献度は今（二一年現在）もなお大きく（世界三位）、非常任理事国としての安保理での経験や実績もそれなりにある。だが繰り返すが国連を軍事的に仕切る常任理事国が憲章の精神と反する中・露のごときネオ・独裁的全体主義国家が幅を利かしているという、その上近年では「世界精神」の中心でもあったはずの米国が国家主義的な傾向を強めており、結局現在の常任理事国には何も期待できない。[44]むしろ日本政治のなすべきことは、前述したように自らが国際的人民主権に裏打ちされた民主国家となり、常任理事国という特権的なシステム自体の解体や再編を通して、国連憲章の精神に相応しい民主的に選出可能な理事会システムへの改変を促していくことにある。

現在「自主憲法」という名の改憲を目論む日本の国家主義的保守政権下にあって、いかなる民主化運動も無視か嘲笑あるいは抑圧の対象としかならない。しかしこの度のかれらの目論みを挫折させるならば、この間の憲法論議を好機に転じさせることができるかもしれない。さすれば世襲天皇制と日米安保の強固にして巨大な壁に風穴を開けることも可能となる。そこで先ずなすべきこと、それは慣行の国会や議会を、天皇の戦争責任や天皇神道の宗教的「極私」性や因襲性および不要性また日米安保の不当（等）性などについて自由に議論可能な、タブーなき民主的な場に変えていくことにある。日本政治が偶像（天皇）に依拠する非民主的な憲法と米軍の傘の下にあるかぎり、国家主義的な保守幹部による「戦犯」祭祀の靖国神社参拝がなくならず、在日米軍による国内犯罪も後を絶たず、結局かれらの覇権行為に引きずられ、日本は永遠に「世界の中の日本」にはなれないであろう。

また同時に為すべきこと、それは以上のサブシステム体制を補強するネオ・国家主義者達や「維新」を名乗る亡霊達の、すなわち帝国憲法と日本国憲法の冠条項を以て天皇を絶対的象徴とみなす言説を批判し、かれらによるヘイト並みの非難、抑圧、排除のスピーチやボイスをトーンダウンさせあるいは変調させ、民衆の民主的な自覚を高めていくことにある。なおこの営為は、野蛮と神話の合作した日本版帝国政治支配からの脱却という歴史的「使命」を帯びており、前述の明治の幸徳達の平民社の運動から大正・昭和の戦前・戦中の反戦運動、そして戦後の一連の反安保闘争に、さらに今日の民衆の抵抗運動に受け継がれている。この命脈「灯火」を絶やさないためにも、我々はこれまでの諸運動の深い反省と思想的総括により、「国民」「立憲」「共産」の冠を脱した各々革新諸政党の大胆な解体・再編と、国会内外の民主化運動との連帯を推進していかなければならない。

二一世紀現代のグローバル科学技術文明社会にあって、多種多様な国際機関や組織の充実、航空技術やIT・ATの発達とともに国家間の人的・知的越境や交流および人種の混淆が盛んになり、今や民衆の生活にとって天皇制や日米安保の閉鎖的なシステムが明らかに桎梏となっている。ところが右派政権や勢力は、天皇制神道の下で国民の統合やアイデンティティを強要し、自民族主義や国家主義などのナショナリズムに同調し、入管法の厳格化や共謀罪の法制化など国民を統制する方向に政治を牽引している。してその危険な勢力は、反、脱・資本主義をも吸収し、また自衛隊員の海外派兵を「皇軍」の悍ましさに例えるネオ・右派の台頭とともに増している。他方かつての革新的な左派は、戦後対抗政治を断片的かつ学問的な対象として研究するか、あるいは懐古的、記念碑的、ナルシスト風に語るか、はたまた右派に同調し媚びるか、いずれにせよそこには根本的な反省、止揚、シナリオに基づき民主化運動を高揚させていくという、そのための理論も気風も見られなくなった。

保守勢力の岩盤の強さばかりが目立つとはいえ、しかし古代より現代に至る天皇の神話システムを基礎に置く日本の「朝廷」政治は、かかる神話に幻惑された民衆の「支持」頼りであり、よってその強さには「幻惑」からの合理的な目覚めが容易にシステムの瓦解に繋がる脆さをもはらんでいる。明治維新以降支配者達は、この脆さをむしろ近代西欧の合理性によって支えるという芸当を演じてきたが、しかしそれも科学技術の高度に発達した現代では通用しなくなっている。すでに多くの民衆は憲法に刻印された世襲天皇制神道の非（不）合理性に気づいている。だが憲法上の天皇に関する文言装置が無化（廃止）されないかぎり、永遠に皇族への統合意識から自由になれないであろう。

なお天皇の文言装置の無化とは、民衆の社会生活の歴史的時間意識を収奪する元号制度と、天皇の特権を留保し合理的な法的判断を鈍らせる法的装置すなわち皇室典範の無化である。いずれも非合理的で非民主的でアナクロニズムな、まさに支配権力によって偽装された幻想の歴史時間と法制を生成する装置でもある。ちなみに元号制度廃止に対する反批判として、「西暦もキリスト教暦ではないか」という真っ当な主張がある。がしかしそれには、すでにその脱神話化された「平等・自由・平和」の民主主義精神が国連憲章の綱領となり、その下で現在西暦が世界史の「時」を刻印する普遍的なマーク（年号）として広く享受されているという自覚がない。また「元号」が天皇制を自覚させ各々の時代のノスタルジーを温めるということ自体問題があるが、理由如何を問わずとも、なおもそれをあえて西暦に介在させることは、周知のように年号を二重化させ人々の記憶の混乱と様々な業務の煩雑化を招くことになる。だが現在右派の目論む「改憲」とは、この装置の強化である。

近年日本で、「気概」という言葉がかつての「楯の会」三島由紀夫の「自決」も絡み、もっぱら軍国主義的な（国家に尽くす、国家のために犠牲になる）勇ましさとして評判を得ている。軍国主義精神を懐古・称揚するネオ・右派の台頭によるものだが、かれらの多くは憲法を改訂（悪）し、「軍事オタク」さながら「専守防衛」「必要最小限度の自衛力」「抑止力の向上」を口実に、護衛艦『いずも』の空母化、Ｆ35ステルス戦闘機、オスプレーの配備など軍事化の推進に心を馳せる。軍備増強を目指す国家主義的言説の拡散と蔓延、繰り返される「右翼」によるアジア人や市民運動などに対するヘイト・スピーチや脅迫が、個の自由や表現の自由を制約し、テロ防御の監視ネットを市民の自由を束縛する監視装置へと転化させつつある。

国家権力のＮＨＫ、司法、検察への介入、学校法人「森友学園」をめぐる問題の発生は、くしくも近年の一連の右傾化および全体主義化の進展を知らしめることになった。とりわけ森友学園での園児に「軍歌」や「教育勅語」を聞かせ、軍隊方式の教育指導を行うアナクロニズムと、安倍元首相の妻たる昭恵が副学園長になるという「珍事」、そしてそれに協賛する行政のスタンス。本当はここに問題の核心があったのだが、事態は籠池理事長による新設小学校土地購入に関わる詐欺事件へと矮小化されていった。しかしそれはそれで体制の官僚や政治家による凄まじいまでの忖度や責任転嫁の様相と情報隠蔽体質を露呈させることになった。

かつての大阪地検特捜部による森友学園問題に関わった財務官僚佐川宣寿の不起訴処分「起訴するに足る証拠はない」という判断に対して、後にそれを覆す赤木俊夫の「遺書」が明るみに出された。わたしの友人（岩城）が、この公開された遺書（手記）を読んで、次のようにわたしにメールをしてきた。「「森友問題」で自殺した赤木俊夫氏の手記を読むと、命令に従順な人の群れが見えます。問題発覚後恐ろしいことに、赤木氏以外は国有財産管理課から異動しています。これは近畿財務局が明らかに末端の赤木氏に責任転嫁するためです。……前任者の不手際を後任者がかぶり、……そこに大阪地検特捜部の捜査が入った。……横柄な人間が組織を牛耳ってしまう。利益を求める人間がそれに従い、良心の呵責に苛まれる人が自殺する。……権力に迎合的な民族は、個人の生命力を奪います」（三月二六日）。……あとはせめてこの文書だけは「黒塗り」「改竄」の無きことを祈るのみ。

今もなお「戦後民主主義は借り物だから捨てるべき」「あの戦争にもいくらかの義があった」「従軍慰安婦は戦場では必要だった」などといった、浅薄な発言が巷に流布されている。また安倍・菅の政権が、習近平やプーチンのような独裁的な支配権力者達が自権力の延長強化のために憲法を都合よく変えようとしたように、日本国憲法を自権力の強化と拡大のために「改訂（悪）」することを目論んでいる。このようなネオ・国家主義的な言説や動向に対抗するためには、我々はデモや出版活動による意思表示とともに、国会、司法機関、学校、病院、企業、労組などすべての組織機構内部の自治や生活を守る民主的な闘いや支援・表現活動との連携を強めていかなければならない。節操や思惑はどうあれ、「脱原発」や「脱炭素社会：ＣＣＵＳ（二酸化炭素の回収・再利用・貯留）」が、かつて反対の極にあった元（小泉）や現（菅）首相をも動かすほどの市民権を得ているように、根気のある活動は必ずや実を結ぶことを信じて。

4．今世紀最大のパンデミック

二〇二〇年の幕開けとともに、中国武漢発の強力な感染力を持った新型コロナウイルスが全世界を席巻し始めた。一〇〇年前の「スペイン風邪（一九一八年）」以来のパンデミックである。発生二年目を迎えようとしている現在（二一年一一月二二日）では、世界（AFPBB News）で感染者がおよそ二億五〇〇〇万人（死者五一四万人）、日本（ＮＨＫ）では感染者がおよそ一七二万六〇〇〇人（死者一万八〇〇〇人）を越え、なおも感染力の高い変異種に入れ替わりながら増え続けている。この現状のなかで世界の人々は、ワクチンの普及に期待を寄せつつも不安を募らせている。

ところでウイルスとは、一般的に風邪の最も多い原因とされ、その種類は二〇〇種類にも及ぶと言われている。ライノウイルス、エコウイルス、ＲＳウイルスさらにはインフルエンザウイルスなどがよく知られており、多くは子どもを重篤にさせるが、この度の新型コロナウイルスは主として高齢者を重篤化させる。分子生物学的にはそれは、ＲＮＡ核酸とそれを取り巻くカプシドとさらにエンベロープ（外被）だけからなり、自己増殖するが自己コピーできない。ゆえにＤＮＡウイルスとは異なり、対内ではゲノムのコピーミスを繰返し容易に変異・増殖する。結果不安定にして適応力の強いウイルスとなり、寄生によってしか自己増殖できないが、感染力が高く、人体から人体へと感染し自らの存在を保守し拡大していく。まさに最小にして最も原始的な生命的存在（「微生物」）と言えようか。

哲学的な想像をめぐらすならば、それはエロス的エネルギーに促され人体（無限重層的な細胞・遺伝子群）に寄生増殖しときに激しい抵抗に合い、多くは人体の肺腑をも侵し人体を滅ぼすことで自滅するという絶対的矛盾のなかで、なおも自己同一的に変異し適応し、人体から人体へと飛び移り執拗なまでに自己増殖をはかろうとする、まさに人類の「天敵」である。地球の支配者然たる現代人、すなわちライオンやワニなど巨大で凶暴な高等生物さえも自由にコントロールできる人類が、バクテリアよりもはるかに微小な存在に、生殺与奪の権限が奪われ翻弄されるという事態は、まさに不条理極まりない屈辱でしかない。

しかしよくよく考えれば、人間もまた悠久の宇宙からすれば微小な地球上の塵芥および「寄生虫」にすぎず、しかもウイルスとの「共存」のなかで生命を繋いでいる存在でもある。とはいえこの度のコロナウイルスは、人類の地球上の「生存」を脅かすものであり、共存不可能な「駆除」の対象でしかない。我々はこれまでに医科学技術によって人体を宿主に侵襲する多くの微生物や寄生虫と闘い克服してきた。して現在、電子顕微鏡や精密な検査により微小なウイルスの実体（態）映像と、ワクチンによる感染予防のための抗体作成技術を手にしている。ゆえにコロナの「有効駆除」もそれほど遠くないはず。ちなみにパンデミック克服の基本は、的確、適切、迅速な診断（検査）・治療・予防・隔離（保護）の実施にある。後は政策主体の合理的かつ民主的な、すなわち公正なトリアージに基づいた「自然災害」が「人災」にならない、卓越した対応能力にかかってくる。

通常対策主体の中心は国家政府にあるが、日頃国民や住民の命を守ることよりも国家の威信ばかり気に懸け国民を統制することのみに、あるいは自らの権力、権益、権威を高めることのみにあくせくしている、そのような硬直した政府には、信頼のおける民主的で合理的な対策は期待できない。なおこの度のコロナ禍の発生源となった中国共産党政府の一連の対応は、その好個の例を示している。かれらは感染の発生（源）を隠蔽しさらに原因ウイルスを最初に告知した現場の医者を紊乱罪として逮捕し、結果原因追及を怠りウイルスを拡散させてしまったという重大な初動ミス（人類の犯罪）を犯した。しかしそれだけではない。なおもかれらは国連のＷＨＯ（世界保健機構）に圧力をかけ感染源の隠蔽やパンデミック宣言の遅延工作（疑惑の大罪）を謀ったのである。

中国政府のその後の徹底した検査、クラスター対策、隔離の実施さらに速やかな病院の設立などの「合理」的な対処が、結果コロナ駆除に大きな「成功」をもたらしたが、しかしその間の様々な隠蔽工作や強圧的な人権侵害が物語るように、かれらの対策遂行の目的は「国民の命を守る」ことではなく、あくまでも政権国家の威信を守ることにあった。それはかれらの対「外」的政治からもよく分かる。かれらは、いち早くオープン（市民との対話を重視）で、透明性（情報公開の徹底）のある中央と地方と住民の一体となった民主的かつ合理的な、まさに模範的なコロナ対策を施行した台湾政府の、ＷＨＯ感染対策への参加を見送らせ、またこのコロナ禍に便乗して香港の民主化運動を封じ込めるために、全人代表会議で「国家安全法制」の導入を決定し[45]、さらに一ヶ月後に直接取締に関わる「香港国家安全維持法案」を制定させた。このようなかれらの不遜な態度や行動からは、いささかの生命および人権尊重の精神を認めることができないであろう。

日本政府の感染対策もまた、中国政府同様初動から躓いた。両者には体制的な相異があるが、しかしいずれも台湾政府の柔軟かつボトムアップによる合理的で民主的な対応とは異なり、硬直した対応に終始し、「縦割り」機制が働いた。ただし同じ縦割りでも、中国政府は統制的ではあるが徹底した「合理」に基づき対策を遂行した。しかし日本政府は非合理的な対応に終始し、しかもこのコロナ禍の最中に非民主的な、すなわち自主憲法による改憲を目論み、あるいは戦争に対する責任と反省に基づき設立された日本学術会議（一九四八年）から、最もその設立の趣旨に忠実な学者（六名）を排除するなど、天皇制神道の宗教的な「ウイルス」をばら撒き、二重に日本列島を汚染させた。もとより国民の脳髄を侵す宗教的「ウイルス」と国民や住民の肺腑を侵すコロナウイルスとは次元が異なる。がしかし、後者のコロナウイルスの対策と民衆の対応に前者の「ウイルス」が大いに関与してくることが、この度のコロナ騒動により知らされることになる。

「……この度のコロナ騒動のこと、……それと現場の医者の判断を軽視した縦割りの体制にも怒りを感じています」（三月一七日）「……現在焦眉のコロナ騒動をめぐる政府と御用学者集団からなる専門家会議の言動にも同様のことが見られます。彼らは、自らの無策・失策をオーバーシュート（および膨大な死者数）の予測宣言を以て脅迫（恫喝?）しあるいは保険にかけ、いつでも国民に責任を転嫁できるように国民を欺き、自らの権威を押し付けようとしています。要するに多くの現場の医者や患者達の訴えや提言を無視し、検査や受診基準（三七度五分以上、四日間持続、咳・胸痛・呼吸困難）を一方的に設定・コントロールするという傲慢（オリンピック開催のため感染者数を増やさないための操作、絞り込み、隠蔽?）[46]。その結果が今日の、政府の対策に従順なだけの小池都知事の慌てふためく態度によく現れています」（三月二六日。なお（　）は後に説明付加）

これは前述の友人宛にわたしが送ったメールである。いくらか過剰な表現も見られるが、以後新型コロナウイルスによるパンデミックは、さらに深刻さを増していった。

政府厚生労働省と諮問機関たる専門家会議の人達は、おそらくは目前の国民の生命を守ることよりも、オリンピック開催という国家の名誉・威信・利権を維持し高めることに目を奪われ、検査（PCR）数を絞ることで患者数を抑え（隠蔽し）、その結果コロナ感染者を潜在化させ蔓延させることになった、と推察される。他国より極端に少ない検査数に対し、安倍政府は充分検査数をこなせる体制にあると嘯き、他方専門家会議のメンバー達はテレビ画面を通し、「これが日本のポリシー」「病院への殺到を避ける」「検査自体信頼性稀薄」「無症状感染者からの感染は低く気にしなくてよい」「政策に従わないと膨大な死者が出る」などといった口実、難癖、詭弁、恫喝を弄し、現場の医療者や患者さらには民間感染予防の専門家・コメンテーター達[47]の合理的で適確な訴えや主張、批判やアドバイスを封じ込め、それでいて自らは「クラスターつぶし」に力を注ぎつつも、世界の感染状況から予め汲みとるべき徹底した感染の実態把握や感染予防に対する政策（検査体制や医療・保護隔離体制の拡充・整備、検疫の徹底）を示すこともなく、[48]あくまでも上からの自前の診断基準を順守させ、保健所や帰国者・接触者外来を通させることに拘泥し、結果潜在的感染者や感染経路の追えない患者を増加させ、感染拡大を招いていった。

なお日本の少数検査に対しては、社会疫学統計学者である山口一男も、「実際には感染しているのに把握されていない『暗数』の割合が大きく、統計が歪んでいる」「検査数を絞ったことで感染者を把握できていないからで、この結果（水面下の）感染を拡大させた」「ゆがんだ感染者数では、……

政策判断の材料にも使えない」などと政府を的確に批判した。[49]至極当然の批判である。しかし問題は検査数の少なさもさることながら、何よりも現場の医者の判断や要請に真面目に応えようとしない伝統の硬直した中枢機関（政府‐専門家会議‐厚生労働省‐保健所‐帰国者・接触者外来）の「縦割り」トップダウンシステムにあった。とりわけ政治、経済、環境などの多因子の関わる「予防医学」にあっては、専門家の権威に隠れた圧政や科学的であることさえ放棄した「素人」以下の判断、すなわち付度や無知（智）の貫徹する非合理的で非民主的な感染対策がまかり通ることになる。

すでに地球上の至る所に感染拡大した四月半ば、[50]皮肉にも検査数の増加が検査する側の過剰な負担にさえなる段階にさしかかっても、それでもなお政府・厚生労働省や専門会議の面々は、ヨーロッパ・アメリカでの医療崩壊と経済破綻の危機を「対岸の火災」であるかのように、疫学の初歩でもある検査体制の確立、医療崩壊防備の対策、最前線医療システムの確立、および困窮国民への所得補償（保障）を急ぐ代わりに、数百億円をもかけて一律マスクを国民に配布すると言う。この期に及んでもなぜ、このような「稚（遅）策」や「愚策」にかける費用や労力を、圧倒的に不足している医療用マスクや防護服一式、人工呼吸器の整備（供給・増産）、一般診療と区分けした発熱外来の設立、患者の適切なトリアージ・隔離システムの設定など、すでに院内感染との格闘を余儀なくされていた医療の現場にいち早く提供し、医療崩壊を防備するという判断・行動に及ばないのか。なぜ民主国家台湾やドイツのように徹底した、敏速かつ合理的な対策が取れないのか。

結局最大の原因は、このような硬直した政策の押しつけ、犯罪的とも言える稚（遅）策、失策、無策に終始し何らの責任も取らず反省もしない、傲慢にして無能に近い政権をなおも多くの国民が支持

（政府支持率が四〇％近く維持）し続けていることにある。つまり平気で司法に介入し三権分立を無視し、学校教育のみならず病院医療をも「縦割りシステム」でコントロールしようとする、明らかに非合理的にして非民主的な現政権を支持し続ける学者や論者や国民が多いという、まさしく洗脳列島ゆえの「愚民」政治、日本の国家体制の弊害にある。ゆゆしきは支配権力による縦割りの社会的政治的弊害が、東日本大震災時に教育現場（大川小学校）にもたらした悲劇を、再び医療の現場にもたらそうとしているかのようだ。「上」からのコントロールは「下（現場）」からの要請や提言を速やかに活かすことでのみ、初めて正当化され実効性をもちうるのだ。

日本全国のコロナ感染者が一日五〇〇人を超えるようになり、二〇二〇年四月一六日に全国に「緊急非常事態宣言」が発布された。なおこのある意味国家主権の最強の切り札が切られることに関しては、人権のベースにある「住民の命を守る」という「自治体」としての最大の責務によるかぎり、それゆえ圧倒的多数の住民の賛同を得て、すなわちボトムアップに支持されたトップダウン政策の遂行によって、この私権を制限する「特別措置」（特措法）を積極的に受け入れるのである。前述の硬直した民主主義の原則に反する、中国や北朝鮮の独裁的な支配権力者達による一方的なトップダウン方式でないかぎり、またかつて石原都政と橋下府政が行ったような思想・信条の統制でないかぎり、「ロックダウン」さえも不可避の手段となる。とはいえ「自粛」には、一人の天皇死去に伴う全国自粛ムードを想起させるだけに、細心の注意すなわち市民による施行主体に対する絶えざる監視が必要となる。何よりも我々は、天皇制神道の宗教的「ウイルス」が、戦前・戦中の国民の脳髄を蝕みボトムアップを徹底的に抑え、「縦割り」の軍国主義システムにより日本列島を汚染し、列島破壊の惨劇をもたらしたことを忘れてはならない。ちなみにこの度の失策・稚（遅）策に対する批判が大きな「民衆の声」とならなかったのも、権力者のみならず国民の多くがいまだこの「ウイルス」に感染しているからでもあろう。

いずれにしても緊急事態に対する政策の遂行に当たり一番重要なことは、政府の日頃の信頼度と感染に取り組む真剣度にある。とりわけ森友学園や加計学園問題、そして「桜を見る会」や「前法務大臣」問題に見られる一連の公文書改竄や公職選挙法違反、また感染真只中での政府の黒川検察庁長官任期延長に関わる司法への介入やＧｏ‐Ｔｏキャンペーン[51]による経済回復策の公表などまさに信頼性も真剣みもない上に、「災厄」をバネにして国家像（天皇制国家）の構築やそのための憲法改正（悪）に積極的な意気込みを見せる安倍政権に対しては、強権力を助長するような自粛法案を要請する、また超監視社会に帰結するような中国政権由来のスーパーシティ法[52]などの実施を任せる危険性に、我々は充分警戒しなければならない。

以上の批評・意見は、主としてコロナウイルス感染の始まりから最初のピークの二〇二〇年三月から五月にかけてのマスコミ報道を受けて、記したものである。要約すれば、現場の医療従事者や患者の意見、苦渋および要求に耳を貸さず、政府・厚生労働省・専門家会議を中心とした、まさに硬直した「縦割りシステム」が、国民の生命を守るという観点からの合理的で速やかな検疫および「検査と隔離（保護）」の徹底を怠らせ、とりわけこの初動の失敗とさらにその後の医療および生活保障に対する無策・遅（稚）策が、感染拡大と経済活動の圧縮をもたらしたのだということ。初体験ゆえの不備が考慮されるとしても、問題は、何よりも現政権の怠慢と邪なる姿勢にある。

なお感染拡大の初波が収束しつつあった五月二五日に、安倍首相は日本の公表された感染者数・死者数が西欧のそれよりも低い結果から、さも自らの「手柄」でもあるかのように世界をもリードする「日本モデルの力」として誇るという、厚顔無恥の稚拙な発言に及んだ。それは、死因の特定や検査数に数々の疑惑があり、公表された各々の数字が万一正しいとしてもなお、同じアジアの台湾との比較でははるかに劣る結果であったにもかかわらず、さらに各々国民の予防努力さえも考慮に入れず、あえて誤解と我田引水を以てする発言。ゆえに真相は真逆であり、安倍政府は台湾政府のように「合理」と「民主」に徹した速やかな対策を講じることもなく、実体経済の疲弊（特に中小企業や飲食店の経営不振、また多くの非正規職員の失業やコストカットなど）および病院医療の逼迫（感染の恐怖や経営の重圧）など、亡くなった人達をはじめ諸々の多くの「犠牲者」を発生させたのだ。にもかかわらず一国の総理が「力及ばなかった」ことに痛切な責任と謝罪を手向けることもなく、ただ「少なかった結果を誇る」という、何と傲慢かつ不謹慎な態度であるか。

とはいえこのような政府を許容してきた、そしてこの期に及んでも批判の声小さきマスメディア、専門家、民衆にも責任がある。それでも特に現場の医療者や一部の民衆には称賛に値する行動も見られた。日本は中国やロシアとは異なり、相応に表現の自由が認められており、したがってこの度のコロナ禍のなかで、最前線の現場の医者達は政府の非合理的で硬直した対策を厳しく批判し、また民衆はそのなかで苦闘する医療従事者に感謝と励ましを送り、他方政府の検察官任期に関する司法介入に対しては猛反発するなど（特にSNS上で）、民衆の民主主義的な自覚が決して地に落ちていないことをも証明した。

5．変革への転機に

コロナ禍による犠牲は、経済大国アメリカの「黒人」やヒスパニック系人などの貧困層をも含め、世界至るところの貧民・避難民、生活困窮者に集中し、パンデミックはまさに世界の社会経済的な矛盾を一気に噴出させせた。グローバル金融国家資本主義社会の構造的矛盾がパンデミックに遭遇して、国家間の格差や軋轢を高め、貧困者の増大、人種間の差別および国民（住民）間の格差拡大を加速させ、感染カオスを発生させたと言えようか。この「世界の有事」の危機から脱していくためにはしたがって、治療薬やワクチン普及による感染収束と同時に、禍（災い）を転ずる強い政治的社会的変革が必要となる。

かつて人類は二度の野蛮な世界大戦を体験し、各々大戦の反省に基づき国際連盟とそのステップアップされた国際連合を形成させ、世界平和体制を維持しようと努力してきた。結果第三次世界大戦を曲がりなりにも抑止してきたが、この度大戦にも匹敵する「世界有事」のグローバルなパンデミックに直面し、改めて地球温暖化や核開発という問題とも絡め、国際連合を中心とした世界政治が問われることになった。前述したように現国連は形骸化と機能不全の状態にあり、世界再編が困難な状況にあるが、しかしこの度のパンデミックが、中国共産党の専制政治により感染源の特定と感染防備を損なうという不始末に端を発し、後に各国の国家主義政権の悪政や失政により感染が拡大したという政治的「人災」である点で、さらには感染の最大の責任を負った中国政権がいかなる反省や謝罪もなく、なおも国連の常任理事国であることを利用し、連合憲章の人権尊重の精神に背いてまでも国内外で覇権拡大を狙っているという点でも、その早急な変革が求められる。

交通の高度な発達によりかつてなくグローバル化されたパンデミックによって、我々はかつてなく国連の専門機関：ＷＨＯの公共的な役割の重要性を思い知らされた。しかしこの度のＷＨＯ代表のパンデミックに対する発言や行動が中国政権の強権的な干渉によってしばしば遮られあるいは偏向を余儀なくされ、あるべき世界の統一的な感染対策が阻害されてしまった。結果各国バラバラな対策が感染カオスを深め、経済の推進か感染拡大防備かの二者択一の困難ななか、統制的な感染対策を重視する政府と、反対に「集団免疫」ができるまで自然淘汰に任せるという政府、つまり「処理」か「放置」かのいずれかの極端なケースが支配的となっていった。なお前者は主として民衆の物化隔離による「感染排除」を促す中国などの独裁政権国家に、また後者はスウェーデンや、ブラジル、トランプ政権下のアメリカなど「感染放置」を是とする政権国家に顕著に見られた。なお後者では感染防備のために「マスク」の着用や「密」を避けることを「自由」の侵害とさえ錯覚し訴える群衆が出現し、一層混乱を極めていった。

感染カオスのなか、多くの国家が一人でも多くの国民や住民の生命を尊重し守るという発想ではなく、国家、経済、自然淘汰（優生）の思想を優先させる、まさに「論理」と「民主」に根ざした政治・経済・科学の能力を欠いた対応に終始し、台湾やニュージーランド政府などのように速やかな保障と信頼に基づいた対応や対策を行った国家は稀であった。それでも最大の世界権力を有するアメリカで、「放置」一辺倒のトランプから、「合理」と「民主」に基づき感染対策を積極的に推進するバイデンに大統領が代り、パンデミックを世界再編の「転機」とすべき条件が一気に整ってきた。彼は先ず対内的に感染対策に力を注ぎ徹底した検査と保護隔離を、さらに経済を配慮しつつ感染予防や「集団免疫」のためのワクチンの開発と接種拡大を推進させていった。また対外的には、独裁政権国家ロシアと中国を牽制し、ＥＵ、イギリス、日本、およびオーストラリアやインドなどの「民主」国家と手を結び、特に中国共産党の台湾や南沙諸島での覇権行為を睨んでの包囲網を敷いた。

前述したように、世界における日本政治の役割もまた、独裁政権による対外的な覇権政治や「内政（主権国家）」を口実とした専制政治を排していくところにあり、ゆえに「民主」的な主権国家としての日本が、アメリカ民主党のバイデン政権と連携し、この包囲網に加わることは、専制・覇権に対する「上」からの民主化や抑止という点で不可避の対応となる。とはいえとりわけ「台湾有事」を想定したアメリカ軍の対中戦略に対しては、日米安保や周辺事態法案から関わらざるをえないとしても、常に一定の距離を保ち慎重でなければならない。というのも日本政治はあくまでも世界のリードオフマンとして、むしろ米国民主党・民主勢力をも動かし世界の「平和」を推進していくことに本分があるからだ。

ところでパンデミックに遭遇していち早く再編・変革の対象となるのは、感染の最前線を担う医療システムである。パンデミックはこれまで、日本の国家主義政権の、「処理」と「放置」の間を彷徨する感染対策の「ダメさ」のなかで、現代医療の構造的な問題や欠陥をも顕在化させてきた。とりわけ制度的に縦割り官僚的な「公共医療」と多数の「民間私的医療」との無秩序な保健・医療体制や医療スタッフ間の業務範囲や資格制度の問題が、医療の不備や欠陥として浮上してきた。政府はこの度多くの医療者や民衆の批判を受け、いくらか検査の拡充、医療システムや保障の補充に取り組む姿勢を見せたが、医療への過重負担はそれほど改善されず、なおも目先の国家の威信やマクロ経済を優先し、結果充分なコロナ対策が進まず、その後も繰り返しむしろより大きな感染拡大を招くことになった。

政府のパンデミック対策の不手際は、社会保障面でも顕著に見られた。特に解雇と失業により被害を最も強く受けた業者、失業者、貧困者、非正規職員および外国人労働者達に対する公平で速やかな手当の支給が進まず、ますます遍（偏）在的な困窮者や犠牲者を拡大させた。もとよりそこには「不手際」たらざるをえない社会経済的な構造的限界などもあり、長期的課題も含まれている。そこでパンデミックを機に急速にクローズアップされてきたのが、「ベーシックインカム」やスウェーデンの社会民主党の「ワーク・シェアリング」方式などの導入による、消費（生活）と労働の両面での制度的およびシステム上の不備・格差の縮減である。

とはいえ「手当」やシェアの分配のあるいは対症療法的な経済だけでは、金融資本主義社会の構造的矛盾に対応できない。いみじくもこの度のパンデミックがこの構造的矛盾を露呈させた。つまり感染拡大のなかでの株価上昇（日経平均株価（2／15）のバブル期以来の三万円越えなど）という資産インフレによる虚経済の好調と、生産・流通・消費の活動低下に伴う実体経済の遍（偏）在的低迷という矛盾である。特に資産なき貧困層への感染の広まりという二重苦による生活破綻が深刻になった。つまり財政上の問題以上に、虚経済の拡大により賭博と詐欺および管理と監視の「経済」が社会の疎外と格差を拡大させたのである。……では一体資本主義勃興後の日本で、このような生きにくい社会がいかにして生成してきたのか。改めて内向の今日に相応しく日本の国家資本主義社会の変遷を政治・経済の民主化という観点から振り返り、新たな展望を模索したい。

西欧から遅れることおよそ一世紀、二〇世紀初頭に日本社会にも産業革命が勃興し、重工業の発達とともに、財閥資本中心の軍産的な天皇制独占資本主義国家体制が確立していった。対してほぼ同時に「人民の公益」擁護を第一義に掲げ、軍備全廃、治安警察法の廃止、普選の実施、さらに財産分配の公平化、土地・資本・交通機関の公有化などをスローガンに掲げ、幸徳や片山潜達による社会民主党が結成され、政治・経済の民主化が叫ばれた（一九〇一年）。大正期（一二年）から昭和期（二六年～）にかけて、普選が成立した（二五年）が、治安維持法の制定とセットであり、他方成金的投資ブームが金融恐慌を発生させ（二七年）、さらに世界恐慌（二九年）の余波を受け株式や円が暴落し、政治経済の膠着低迷のなか日本社会にしだいにファシズム的な気運が醸成されていった。

戦後（四五年）は、GHQの対日民主化政策により普選が更新（男女平等選挙）され、寄生地主制や財閥も解体され、農地・労働改革および民主主義教育改革などが進んだ。とりわけ経済面では、朝鮮戦争による特需とともに技術革新と設備投資が活発化し、高度経済成長（五〇～六〇年代）がもたらされた。しかしオイルショック以後（七三年～）は、革新的な政治の退潮とともに経済成長もスローダウンしていった。八〇年代の日本は世界最大の債権国にまでなったが、それでもしだいにGDPが回復し同時に世界有数の経済大国にもなり、とりわけ八六年から九〇年にかけ未曾有の好景気を迎えた。

ただしこの大型景気は、地価と株価（四万円に迫る）の異常な上昇（資産インフレ）に伴うものであり、直接的にはプラザ合意以後の、金融緩和（低金利）政策の通貨供給量の増大によるものであった。ゆえにそれは実体経済の成長を超える虚経済の膨張すなわち金融バブルとなり、間もなく両価格の急速な下落（株価：一万四千円ほど）とともにバブルがはじけ、経済破綻から長期不況の状態へと陥っていった。しかし二一世紀初頭には新自由主義経済を主張する政権が誕生し、かれらは「民営化」をはじめ規制緩和政策などによる構造改革を推進し、不良債権の処理、公共事業の無駄の排除、サービス精神のアップなどを促し、不況脱出に一定の成果を収めた。だがこの政策には多くの犠牲と反動を伴った。

経済効率向上のための市場の自由化や社会保障費や税の累進度の低下は、長時間労働、資産格差の拡大、環境の悪化（公害）、さらには株式や不動産をめぐる金融・証券賭博や経済摩擦、失業や非正規雇用の増大、労働組合運動の後退、相対的貧困者の発生を促し、また非正規労働者の増加とともに近年では特に外国人労働者も増加し[53]、多くの差別的かつ不当な労働問題が発生している。外国人労働者が「労働者不足」を理由に「雇用の調整弁」として非人間的に扱われ、政府と社会がそれを許容する[54]。これは「嫁不足」を理由に、外国人女性の「身売り」を推進すると同様の、当該人物のやむを得ざる「意志」に基づく合法詐欺の人権侵害であり、経済的国家間格差による構造的な矛盾でもある。政府は、せめて招待する側の違法行為や人権侵害の及ばない政治的配慮や取り締まりを強化し、また理不尽な入管法の改正をはじめ招待される側の待遇改善に努めるべきである。

総じてこの度のコロナ禍で最もその本質と限界を露わにしたのは、自民党を中心とした当の国家主義保守政権であった。してその極まりが東京オリンピック開催をめぐる攻防に見られた。そもそもオリンピックは以非平等なるパラリンピックをも巻き込んでの「世界平和の祭典」と銘打たれているが、一皮むけば権力とカネまみれの「国家と資本の祭典」でしかない。それでも各国政府は自政権支持を高めるために、またＩＯＣメンバーや大企業スポンサーは自らの懐を豊かにするために、オリンピック開催に拘る。日本の国家主義的な分子達は、ここぞとばかり、オリンピック反対は「国賊」だとか「反日」だとか言って非難し、政権は最大の責務である「国民」の命を守ることよりも国家発揚に最大限のエネルギーを注ぐ。ここに国家主義政権の本質と限界が存在する。

かれらはいかにコロナ感染拡大が予期されても、日章旗を高らかに掲揚する東京オリンピックの実施を最優先した。自ずとコロナ対策が疎かとなり、そのつけを民衆が感染を以て支払うことになる。だが政権は自らの対策の欺瞞と怠惰を、民衆に覚らせないように、あるいはその責任を民衆の努力の低さやコロナの特異性に転嫁することで、隠蔽し誤魔化す術を知っていた。また自らの検査や水際対策の怠りを、自らが日頃軽視している人権を口実に、民衆の生命を守るという最大の人権擁護の自らの弱さを隠蔽するという巧妙さにもたけていた。だが最悪なことは、中途半端で非合理的な対策により自らが招いたコロナ感染拡大の責任を、巧妙に民衆統制の法の不備に転嫁し、秘かにそして着実に民衆の監視や統制を強めようとしている点にある。実際にかれらは前述のスーパーシティ法案を早々と成立させ（二〇・五）、デジタル支配のビッグデータに基づき個人の通信情報を一元化させ、特措法の成立を契機に監視を強化させせようとしている。

その先に見えてくる日本は、「売国奴（反中）」という言葉の飛び交う仮想敵中国の全体主義体制に類似する、同じく「売国奴（反日）」の飛び交うアイロニーの世界。一定の民主政治の定着した日本であってさえ、暫定措置としての公共的な私権制限がコロナ後の先端サービス実現を名目に拡大再生産され、原則化されるリスクは大きい。というのもそれらの法案のいずれも、住民参加の条文上の担保もなく、住民合意も曖昧なすなわち国家的「公」による、法の支配を失墜させる「作文」でしかなく、全く信用が置けないからだ。

さてこの度露わになった一連の現政権の狡知、傲慢、愚昧、そして何よりも危険な政治を終わらせなければならない。そのためにも革新的民主平和勢力とみなされる日本の諸政党各々が自らの「殻」を脱却し、このような国家主義的政権に代る一大「革新民主党（仮）」政権を樹立し、同時に革新的な諸市民集団・組織（「反天連」「九条の会」「反核」「反基地」「反原発」、「NPO活動・労働組合運動」、「NGO活動」など）とともに、平民社以来の国際的人民主権の意思を受け継ぎ、国会内外の連携を強めていく。同時にデモやSNS・ネットを駆使したデジタル・レジスタンスなどを通して、世界の専制独裁国家内の諸々の反政府民主化運動（香港、台湾、バンコク、ミャンマー、ロシアなどでの）とも連帯し相互支援を強化し（ミルクティ同盟のように）、グローバルにしてラジカルな民主化運動を展開していかなければならない。

なおこの闘いは国際的連帯に根ざしたものではあるが、それは主権国家を超えるしかしいずれ主権国家に吸収されてしまう、たとえば「パリコミューン」と「イスラム国」の民主と非民主の両極端な事例が象徴するような、たんなるグローバルな非国家組織やネットワークおよび間・国家的な「アソシエーション」に依拠するのではなく、あくまでも主権国家内外において自治と民主を貫徹させつつ、国連世界の再編・変革をベースに主権国家を超えていく、そのための多様かつグローカルな闘いとしなければならない。国家の実質的な「死滅」は、国家主権の民主化による「地方自治体」化と強力な民主世界政府の下で初めて実現していくからである。

（注）

1. 『評伝《北一輝》』（まえがき）参照。なお近藤秀樹は、「明治の侠気と昭和の狂気」（『宮崎滔天・北一輝』）の中で、民権自治思想の宮崎の深い理解に対し、北の民権理解の稀薄性を指摘し、さらに北の帝国主義と社会主義の両立という「純正社会主義」の無謀な妄想を批判している。
2. 「建国の事情と万世一系の思想」『古事記及び日本書紀の研究』（四六頁）参照。
3. 二・二六事件（一九三六年）では、軍部により内大臣や総理ほか九人の殺害に及んでいる。結果天皇に諌められるという「皮肉」な結末に帰した。
4. 『M2われらの時代に』七九頁。
5. 右同書、八二頁。
6. ヨーロッパ「近代」とは、国民国家主義、民主主義、資本主義、科学主義などのイデオロギーによって支えられた社会の総称だとしても、その「徹底」は、たんなる監視拒否や情報公開などを以て事足りうる「話」ではない。それはあくまでも「論理」と「民主」による、むしろ宗教的存在の公共社会からの排除を以て遂行されるべき対抗政治的な概念であり、運動でなければならない。
7. 西田の宗教の宗教性および普遍性とは、「絶対無（即絶対有：神）にほかならない。なお詳細は、『唯物的空なる気の思想』（二九頁他）を参照。

8. 右同書参照。
9. 『憲法対論』一六七頁他参照。
10. 佐藤は、宇野理論の消費重視の経済政策論や三段階（原理論―段階論―現状分析）論を踏まえた社会主義論と、柄谷のアソシエーション（国家と国家の狭間において生成し、国家に依存しない理想的な共同体）をモデルとしたいわゆる宗教的な〈国家〉社会主義論を展開する。なお国家の不滅性とその超出の「世界共和国（アソシエーション）」を展望する柄谷の論理は、マルクスの指向する「共産主義社会」とカントの神権的な国家社会の複視化に依拠しており、佐藤はそこに「強い国家」と「高天原」の神的世界とが結びつく普遍的理想社会を読みとる。彼は宇野のなおも引きずる唯物史観的な観点を批判し、他方マルクスの「商品価値の商品体から金体への飛躍は、……商品の「生命がけの飛躍」である（『資本論（1）』一八八頁）」に着目した柄谷の見解を以て、経済に既存する宗教的な要素を強調する（『国家論』九三～四頁参照）。しかし人間をフォイエルバッハ由来の個体の身体的組織を前提に「社会的総体」としてとらえた（『ドイツ・イデオロギー』）マルクスの自覚からすれば、「生命がけの飛躍」はたんに売買の賭博性の比喩以上の意味はなく、彼の経済の宗教的解釈は我田引水でしかない。
11. 『国家論』五一頁と一七二頁参照。
12. 右同書、五一頁。
13. 同書、三〇六頁。
14. 「東電社員の「大和心の、を、しさ」」（『WiLL』5月号、ワック社、2011）六一頁。
15. 右同論文参照。
16. 『国家論』一五頁。
17. 右同書、一二四頁。
18. 同書（一九五～二二五頁）にて佐藤は、柄谷の、神と結びついた普遍宗教が「予言」するアソシエーションの概念を称揚しつつ、他方議会制民主主義における官僚国家の罠に対抗し、ある意味危険な、神聖で強い「もう一つの国家」の介入の必要性を示唆している。
19. 『教育の死滅と民主化』七九～八二参照。なおその親和性は、『教育勅語』と教育基本法（目的条項）とが通底する言説において端的に見られる。

20. 『欲望』と資本主義』一五八頁他参照。

21. 『市民とは誰か』三〇 - 一頁、一〇三頁他参照。

22. 右同書、三〇頁参照。

23. 菅は天皇制論を展開する上で、情緒的神話的な解釈を排し、人類学的および民俗学的文化の観点を含め徹底して理性的な分析に依拠し、「天皇制」の擬制としての公的統合性を明らかにした。なお次の一文（『天皇制国家と部落差別』一一一二頁）は参考となろうか。「律令制の制定という歴史的事実は、大きな歴史的画期であった。律令国家は、……原理の上の名分としてはヤマトの統一王権であり、その王権を統御するのは天皇一族であった。……個々の豪族内部の支配服属関係をこえて、統一王権の秩序が確立したということ、……いわばこの時初めて、政治秩序に私権を超越した公的性格というべきものが付与された……。天皇という存在の、日本政治史における役割の最たるものは、この公を確立し、公の名分の体現者の地位を掌握したことにあるのではなかろうか。律令以前の「歴史」は、この公的権力である天皇一族を神聖化し、正統化するために、目的意識的につくり変えられた。古事記・日本書紀に代表される神話の虚構と史実の捏造は、なによりも恣意的でエゴイスティックな権威の贋作……の姿を今に伝えている」。

24. 幸徳の「コスモポリタン」とは、自著「死刑の前」（伊藤『幸徳秋水』）に見られる、「万物はみなながされる、……諸行は無常、宇宙は変化の連続……」（五二〇頁）や「三魂・六魂一空に帰し、……」（五二二頁）など、ヘラクレイトスや禅宗（内山愚童の影響か）の哲学的実存に基づいており、彼の「非戦論」や「中央集権」批判の一貫した社会思想は、その反映と理解すべきであろう。

25. 彼の天皇制論は、たとえば『大情況論』（一七六〜一八〇頁参照）のなかで、〈現人神天皇と人間天皇が二重化されている天皇制の全体性を無化する方法を作れなければ否定できないだろう〉という観点を示す一方で、〈象徴天皇制は社会の大都市化・高度情報化により自らの基盤をなくし、やがて消滅の方向に向かうだろう。京都に遷るか、西武に土地を売るかして、結局無化されていくような気がする〉などと、ヘーゲル思想由来の観念的俯瞰論に立脚した、非政治的かつ非主体的脱天皇制論を展開している。なお「無化」の内在的な徹底については、『唯物的空なる気の世界』を参照。

26. なおこの感情は西田幾多郎と通底するものであり、著者も『唯物的空なる気の世界』（第六章）にて詳論しているので参照の程。

27. 忘れもしない一九八九年二月二四日、私が昭和天皇「大喪の礼」前後にアルバイトのため中央線で東京駅に向かったときのこと。それは途中の停車しあるいは通り過ぎるすべての駅で、たくさんの警察や機動隊員が群がり、物々しい警戒体制が敷かれ、まさに戒厳令下さながらの目を疑う光景が飛び込んできた、という「悪夢」の体験であった。なお到着した東京駅では抵抗むなしく屈辱的な厳しいボディチェックを受ける始末。そのとき私が呟いた「これが民主主義国日本の姿か」という言葉が今なお脳裏の片隅に残っている。なお後にこのわたしと同じような体験をされ、同じような感慨を持たれた横田耕一という人がいることを知った。彼によれば、東京都心部および埋葬予定地の八王子では、三万二〇〇〇人の警官が動員されたそうだ（『憲法と天皇制』一二〇頁参照）。

28. 二〇一九年一〇月の新天皇即位の礼に伴い五十五万もの人が恩赦の対象になったと言われている。まさに天皇の権威は、法の下の平等よりも、国会や司法よりも、そして少なくとも形式的には国民の代表たる一国の総理大臣の権威よりも優越しているのだ。いみじくも新天皇に拝礼し、万歳三唱している「道化師」安倍首相の姿が、この関係の矛盾を表しているかのようだ。

29. 戦前・戦後の断続性と連続性については、かつて著者自身が『教育の死滅と民主化』（七〇頁他）のなかで論考しているので参照の程。

30. 『歪む社会』の中で、安田浩一は「ヘイト・スピーチも表現のひとつ」などというリベラル的な発言を取り上げて、「マイノリティの表現が奪われているのに、自由も何もあったもんじゃない」などと（七八~九頁）、また倉橋耕平は、ヘイト・スピーチは差別を肯定し温存するものであり、かれらは「自分の表現の自由は最大限に主張し、自分が奪った他者の表現の自由や他者の声を奪うことに関しては、何ら説明しない」（八一頁）と批判する。全く同感である。

31. とはいえ絶対天皇制への回帰を唱える者はそれほど多くはないであろう。ちなみに長部日出雄は、『天皇はどこから来たか』の中で、佐藤も信奉する主神天照大神に統治された「高天原」について、「……「天孫降臨」の地である高天原は実在する。高天原は、天孫族の斎王が祭祀を司り、呪術を行なう斎場であった。そう断定できる。」（一七五頁）などと述べている。しかし他方彼は、津田同様、同時に神代の物語を歴史的事実化した祭政一致の天皇親政（絶対天皇制）や学校教育を批判する（二五四～二六二頁参照）。

32. 『憲法と天皇制』（八〇頁参照）

33. 二〇二〇年六月現在の世界の核保有国数は、国連の五大常任理事国にパキスタン、インド、イスラエル、北朝鮮を加えて計九か国、また核弾道の数は、断トツのアメリカの五八〇〇発とロシアの六三七〇発を始め計一三四一〇発と言われている（RECNA）。

34. 『ヒロシマの原点へ』（二二一―二二頁参照）

35. なお「国家の国家主義化」についての実体的な説明として、すでに著者が『新・世界史の哲学』において、たとえば「国家が国家としての形態を整えるということは、共同体即支配機関としての「国家」を完成するということであり、……階級生成、政府の成立、法的秩序化が随伴する。これは、まさに史的宿命」（一六六頁）などと述べているので参照。

36. GHQの指令に基づいた一連の民主化政策、すなわち独占禁止法の制定などによる財閥の解体（四五～七年）、寄生地主制を一掃する農地改革（四六～五〇年）、さらに労働者の権利を保障し向上させる労働法の制定（四五～七年）などを指す。なお高度経済成長は、GHQの経済安定九原則の発表（四八年）に基づき、緊縮財政を要求するドッジラインの提示と、税制改革を促すシャウプ勧告（四九年）が行われたこと、さらに朝鮮戦争時の特需が大きく影響している。

37. なおPKO（国連平和協力）法案には、冗長的で婉曲的あるいは不明瞭な文言が多く、作成者達の策略や弁解のための苦渋が読みとれる。要は我が国が国際連合平和協力隊（PKO・PKF）の海外派遣に協力し（実施体制の整備や物資協力など）、国際連合を中心とした国際平和のために積極的に協力することを目的とし（第一条）、その場合自己または他人の生命および身体防護のためにやむを得ないときは、小型武器を使用してもよいことにしよう（二七条）ということ。文面とは反対に意図は明白。つまりそこでは、日本国憲法九条違反である「武器使用」を容認させるために国連中心主義を主張し、当該憲法を国連憲章に従属させることで、逆に憲法九条の非現実性を言い募り憲法改正（悪）に及ぼうという、確信犯的詐欺まがいの魂胆が読みとれる。

38. PKO法案の改訂は、国連協力を隠れ蓑にした日米安保強化発展に即し、自衛隊のPKF後方支援に伴う武器の使用や適用のおよび活動自体の範囲などの拡大に及ぶものであり、新ガイドラインの三法案（周辺事態措置法案、自衛隊法改正案、日米物品役務相互提供協定）成立の地固めの役割を果たした。なおあえて地域不明な「周辺」事態という言葉を使用した意図も、ロシア、北朝鮮の極東からイラン・イラクに及ぶ中東までの広域を想定しての、米国の世界戦略に即応した体制をとるためにある。まさに解釈改憲の成れの果ての悪法。なお詳細参照は、木本茂夫「周辺事態法、軍事優先国家への転換」（ＩＭＰＡＣＴＩＯＮ：１０８）が最適と思われる。

39. 要するに組織犯罪対策法とは、警察による盗聴の合法化に基づいた団体、治安、住民への監視法であり、また住民基本台帳法改訂案とはサービス向上を名目とした住民の一元的動態管理法のことを言い、いずれも後に「共謀罪」と「デジタルＩＤ管理法」（進行中）へと発展。

40. 正式には、「テロ等準備罪」（改正組織的犯罪処罰法第６条の２）であり、国連越境組織犯罪防止条約（ＴＯＣ）との締結を口実にしているが、意図はむしろ組織犯罪対策法をさらに具体化し国内統制を強化拡大する目的で立案されたもの。問題は何よりも、文言の「等」により拡大解釈され、共謀や集会の段階で処罰の対象になるなど、市民の人権や私権の侵害に及んでくる点にある。なお政府の始末の悪さは、自らが未来の確信犯を名乗るかの如く、国連人権理事会のプライバシーや表現の自由を制約する恐れがあるとする法案批判の公開書簡を無視した態度に見られよう。

41. 各々『情報隠蔽国家』二二四頁と『沖縄』二〇六～七頁参照。

42. なお「辺野古移設反対」の現実的な議論としては、『沖縄と本土』は参考になる。とはいえ佐藤優のように、沖縄の民族的な自治（自己決定権）を重視しつつも、結局「問題」の本質を日本の国家統合の維持に摩り替える所論（当該書八六‐七頁参照）は、適切な解決に導かない。しかし寺島実郎の所論は充分参考に値する。彼は、翁長（元知事）の沖縄を「日本とアジアの架け橋」「平和の緩衝地帯」にしたいという発言（同二九頁）を受けて、これまでの沖縄の「負担軽減」と「抑止力」の駆け引きの議論を改め、東アジア全体の安定を見据えた日米の戦略的対話（過剰な依存や期待を排し、対日コスト負担の無駄を見直すなど）と沖縄の付加価値の高い観光ツーリズムを中心にした経済的自立を推奨している（三五‐八頁、九一‐二頁参照）。

43. ちなみに一九九二年の第一〇回非同盟諸国首脳会議では、「ジャカルタ・メッセージ」が出され、常任理事国の拒否権の再検討や安保理の構成改革など、国連の民主化が訴えられた。

44．国家主義政権が国連の常任理事国を構成するという転倒。特にシリアの反サダト独裁政権に抵抗する反政府民主化運動を攻撃するような野蛮なプーチン独裁政権のロシアと、たとえば香港の「容疑者引き渡し法案」（二〇二〇年）に抵抗する民主化運動に対し暴力的弾圧を以て本案を通させようとする同様に野蛮な共産党独裁政権の中国が常任理事国となっているという現状は、最悪である。

45．ちなみに多数決の結果は、公表（ＮＨＫ）によれば、賛成二八七八票、反対一票、棄権六票とのこと。反対票一票という、まさにこのような全体主義国家躍如たる絶望的な結果は、上からの民主化が期待できない現状を物語っている。

46．後に厚生労働省大臣が、談話で「それは基準でなく目安だった」と弁解したが、もしそうであるならば参照値は、個人差を踏まえた、たとえば「平熱よりも六〜一〇℃以上、およそ三七・五℃前後以上の発熱が三〜四日続き、咳・胸痛・疲労感などが見られる場合」などとし、後は現場の医師による総合的な判断に従うように、という提言であるべきではなかったか。なお「東京オリンピック開催」への忖度による「検査の絞り込み」については推測の域を出ないが、それが政府・厚生労働省や専門家会議の感染対策のモチーフになったことは間違いないであろう。

47．疫学専門の岡田晴恵、コメンテーターの玉川徹、ジャーナリストの青木理、さらには倉持仁他現場の医師達のことを指している。また自治体の中でも和歌山県知事は、県内病院内集団感染に対して、国の基準を無視して徹底した検査と情報開示を行い、早期に見事感染の広がりを食い止めた。

48．当初の「渡航者」「濃厚接触者」に対する検査検疫の不徹底、なお二月一九日に、集団感染の起きたクルーズ船（ダイヤモンド・プリンセス）から検査不十分なまま下船した五〇〇人余りの人達の現地解散（公的交通機関を利用しての帰宅許可）は、多くの国民は耳を疑った。案の定その後感染陽性者が続出した。しかしこの件に関しては、政府厚生労働省幹部は自らの責任を語っていない。

49．「東京新聞」（二〇二〇年四月三日付）三頁参照。

50．テレビ朝日（四月一五日現在）によれば、一八五の国と地域において、約二百万人が感染（死者が一二〜三万人）しており、四日後には感染者が約三三万人増（死者約四万人増）である。なお日本の四月二一日現在の感染者数と死亡者数も、検査の絞り込みで当てにはならないが、それぞれ約一万人と二六三人と発表されている。

51．経産省による、旅行、食事、イヴェントなどの費用に対し、半額割引券などを提供するという施策（四月二六日ＴＢ

S放送より）。

52. 正しくは国家戦略特区法改正案。複数の分野にわたる規制改革をまとめ、AIやビッグデータを活用したドローン配送、車の自動走行、テレワークなどによる遠隔医療、遠隔教育の促進、行政手続きのワンスオンリー化（個人情報の一元化）、購買のオンラインサービス化、決済の完全キャッシュレス化、そして交通整理を目的とした監視型スマートシティ化（中国・杭州）など、自治体と国家が一体となったデジタル社会の「まるごと未来都市」（安倍）化戦略と言えようか。しかし実態は、先端ハイテクサービスの実現による便利化と快適化を理由に、個人情報が一元的にデータベース化され、「個人まるごと支配」化戦略すなわちプライバシーの侵害が配慮されない、また住民参加（合意）が明文化されない、ゆえに民主主義の原則を無視した、中国の超監視社会へ帰結していく全体主義的戦略となっている。ちなみにライアンは、『監視スタディーズ』の中で、とりわけ二〇〇一年の米国ビル爆破テロ事件以降の、移動監視のための国境管理を中心としたセキュリティ（国土安全省の設置）と監視システム（生体認証、IDナンバーカード、電子タグなどによる電子的・遠隔的監視）の世界への波及を重視し、さらに今日の都市で先鋭化するアッサンブラージュ（監視の複合体）による軍事、行政、治安、マーケティングの一体化した監視支配システムの発達を危惧している。いずれも資本を巻き込んだ国家の統治論理に帰趨する危うさを示すもの。

53. 橋本俊詔が『格差社会』の中で、格差の現状（二〇〇五年まで）を統計に基づき詳細かつ的確に述べているので参照。ちなみに総務省統計局労働調査によれば、九五年の非正規労働者1001万人（正規労働者3779万人）に対し、二〇一八年の非正規労働者が2120万人（正規労働者3476万人）と二倍以上に、また対正規労働者比も二六・五％から六一・〇％へと急増している。なお外国人労働者数（二〇一九年）は、すでに総労働者数の一五～八％を占めている。

54. 『歪む社会』二四八頁参照。

【関連図書】（参考および引用文献を含む）

青木理『情報隠蔽国家』（河出書房、2018）
有賀誠・伊藤恭彦・松井暁編『ポスト・リベラリズムの対抗軸』（ナカニシヤ出版、2007）
アル・ゴア『不都合な真実』（枝廣淳子訳、実業之日本社文庫、2007）
井崎正敏『天皇と日本人の課題』（洋泉社、2003）
石見徹『グローバル資本主義を考える』（ミネルヴァ書房、2007）
伊藤整・他『幸徳秋水』（中央公論社、1996）
イマヌエル・カント『永遠平和のために』（宇都宮芳明訳、岩波書店、2000）
岩田弘『世界資本主義』（批評社、2006）
植田和弘『環境経済学』（岩波書店、1996）
宇野弘蔵『恐慌論』（岩波文庫、2010）
宇野弘蔵『経済原論』（岩波文庫、2016）
宇野弘蔵『経済政策論』（著作集七巻、岩波書店、1974）
内橋克人『〈節度の経済学〉の時代』（朝日新聞社、2003）
エルヴェ・ケンプ『資本主義からの脱却』（神尾賢二訳、緑風出版、2011）
大塚英志『感情天皇論』（筑摩書房、2019）
岡崎勝世『世界史とヨーロッパ』（講談社、2003）
奥平康弘・宮台真司『憲法対論』（平凡社、2002）
奥村宏『資本主義という病』（東京経済新報社、2015）
長部日出雄『天皇はどこから来たか』（新潮社、1996）
翁長雄志・寺島実郎・山口昇『沖縄と本土』（朝日新聞出版、2015）
柄谷行人『世界共和国へ』（岩波書店、2006）

川上洋一『国連を問う』（日本放送出版協会、１９９３）
河辺一郎『国連と日本』（岩波書店、１９９４）
菅孝行『天皇制・解体の論理』（三一書房、１９７７）
菅孝行『天皇制国家と部落差別』（明石書店、１９８７）
黒宮一太『ネイションとの再会・記憶への帰属』（ＮＴＴ出版社、２００７）
小西誠・星野安三郎他『自衛隊の海外派兵』（社会批評社、１９９１）
近藤秀樹・他『宮崎滔天・北一輝』（中央公論社、１９９５）
佐伯啓思『欲望と資本主義』（講談社、１９９３）
佐伯啓思『「市民」とは誰か』（ＰＨＰ研究所、１９９８）
佐伯啓思『新「帝国」アメリカを解剖する』（ちくま書房、２００３）
佐藤優『国家論』（日本放送出版協会、２００７）
ジェイミー・バートレット『操られる民主主義』（秋山勝訳、草思社、２０１８）
塩原俊彦『ネオＫＧＢ帝国』（東洋書店、２００８）
柴田徳次郎『資本主義の暴走をいかに抑えるか』（ちくま書房、２００９）
鈴木晟・鈴木旭・石川理夫『世界史』（日本文芸社、２００１）
スラヴォイ・ジジェク『人権と国家』（岡崎玲子訳、集英社、２００６）
高橋哲哉『国家と犠牲』（日本放送出版協会、２００５）
武田邦彦・他『暴走する「地球温暖化」論』（文藝春秋、２００７）
橘木俊詔『格差社会』（岩波書店、２００６）
津田左右吉『古事記及び日本書紀の研究』（（株）毎日ワンズ、２０１８）
ドゥルーズ・Ｇ、ガタリ・Ｆ『アンチ・オイディプス』（市倉宏祐訳、河出書房新社、１９８６）
中村正則『経済発展と民主主義』（岩波書店、１９９４）
西尾陽太郎『幸徳秋水』（吉川弘文館、１９５９）

ハンセン・J『地球温暖化との闘い』（枝廣淳子、中小路佳代子訳、日経BP社、2012）
ヒル・F、クリフォード・G・ガディ『プーチンの世界』（濱野大道・千葉敏生訳、新潮社、2016）
船瀬俊介『テロより怖い温暖化』（リヨン社、2007）
ベネディクト・アンダーソン『〈増補〉想像の共同体』（白石さや・白石隆訳、NTT出版社、2004）
マイケル・E・マン『地球温暖化論争』（藤倉良、桂井太郎訳、2014）
前川貞次郎・堀越孝一・野田宣雄『新世界史』（教研出版、1997）
益川敏英『科学者は戦争で何をしたか』（集英社、2015）
松本健一『評伝《北一輝》』I〜IV（岩波書店、2004）
宮台真司・速水由紀子『サイファ覚醒せよ！』（筑摩書房、2000）
宮台真司・宮崎哲哉『M2我等の時代に』（朝日新聞社、2004）
松江澄『広島の原点へ』（社会評論社、1995）
マルクス・K『資本論（一）（三）（六）』（エンゲルス編、向坂逸郎訳、岩波文庫、1969）
向井豊明『新・世界史の哲学』（近代出版社、1996）
向井豊明『医の哲学の世界史』（れんが書房出版社、2011）
向井豊明『教育の死滅と民主化』（れんが書房新社、2015）
向井豊明『唯物的空なる気の世界』（れんが書房新社、2019）
村岡兼幸他『NPO!?　なんのため、だれのため』（時事通信出版局、2007）
ライアン・D『監視スタディーズ』（田島泰彦・小笠原みどり訳、岩波書店、2011）
ラヴロック・J・E『ガイアの科学・地球生命圏』（プラブッタ（星川淳）訳、工作舎、1988）
李鋭『中国民主改革派の主張』（小島晋司訳、岩波書店、2013）
レスター・C・サロー『資本主義の未来』（山岡洋一・仁平和夫訳、TBSブリタニカ、1996）
ロバート・B・ライシュ『暴走する資本主義』（雨宮寛・今井章子訳、東洋経済新報社、2008）
安田浩一・倉橋耕平『歪む社会』（論創社、2019）

山内昌之『イスラームと国際政治』（岩波書店、１９９８）
山下範久『現代帝国論』（日本放送出版協会、２００８）
横田耕一『憲法と天皇制』（岩波新書、１９９０）
吉田敏浩『沖縄』（毎日新聞社、２０１２）
吉本隆明『大情況論』（弓立社、１９９２）
渡辺正『「地球温暖化」神話』（丸善出版、２０１２）
渡辺洋三『憲法と国連憲章』（岩波書店、１９９３）
ＩＭＰＡＣＴＩＯＮ：１０３、１０８、１１９（インパクト出版会、１９９７〜２０００）

【参考資料】

『図解世界史』（成美堂出版）
『図説ユニバーサル新世界史資料』（帝国書院、一九九九年）
『新世界史Ｂ』（数研出版、一九九七年）
『政治・経済資料』（東京法令出版、一九九九年）

おわりに

あらゆる事象は時々刻々と変化する。本稿を閉じようとする二〇二一年八～九月頃、パンデミックの最大の波がオリンピックに浮かれた日本社会を襲い、未だ対策不備の医療システムを崩壊させた。自宅療養者が急増し、病院はパニック状態になり、結果多くの犠牲者が出た。当然政策主体（政府）の責任が問われるべきだが、皮肉にもパンデミックが俄かに収束に向かい、最高責任者であった菅が自らのおよび自政権の責任に頬被りしたまま、首相の座を岸田に譲った。岸田も結局、麻生・安倍・菅の国家主義政権を踏襲し自政権の責任を真正面から問うことはなかった。しかしそれでも彼は「核廃絶」「再分配」「反独裁（寛容）」の民主政治への意欲を示しており、革新派はこの「上」からの民主化の可能性を回避することなく、「下」からの押しと便乗の運動に尽力していかなければならない。もとより国家主義政権ゆえの民主政治の限界は明白であり、安易な妥協に陥らないためにも、ここで改めて本稿の主旨をスローガン風に要約し、確認しておきたい。

1．国連の民主的改革を推進する。

① 安保理の民主化：常任理事国の総会および非常任理事国による民主的選出制度を確立し、N

GOを中心としたリコール権を有する第三者機関を設立

② 民主国連政府に独裁的かつ覇権主義的国家主権を排する権限を賦与し、その軍事主権の下、国軍・連盟軍などの国連（待機）軍への改組（脱国家 - 国連軍の創出）と世界安保を形成

2. 国家と資本の論理の民主的なコントロールを推進する。

① 国家主権の脱独裁化：国家主義を制御し「民主的自治体」化を促進

② 資本の脱賭博化：金融資本を規制強化し実体経済を推進

③ 社会制度の改革：協同組合方式の企業を育成し、ワーク・シェアリングなどによる企業内平等と、ベーシックインカムなどの導入による生活保障を確立

④ 大企業に対しては法人の理念に基づき、企業関係者による審査委員会および企業議会を設置し、自己資本中心の中小企業に対しては審査の上支援を強化

⑤ 生産と消費とのバランスを踏まえ、長期的視野に立脚した人的資本（頭脳、技能、教育など）への投資を重視した総合的な政策を実行

⑥ 農業重視の地産地消型の経済の奨励と、協同組合的な論理に立脚したエコ重視の産業連鎖の街づくりを実現

⑦ 医療・教育・生死に関わる領域を公共化（規制、解体、無料化、摘発など）

3. 日本が世界政治のリードオフマンになる。

① 脱天皇制と九条の称揚：国家主義勢力による憲法の改「悪」を阻止し、天皇制抜きの国民主権と九条を最高権威の価値とした憲法の改「正」を推進

②　脱日米安保条約（不平等条約の改訂と「世界安保」へのシフトアップ）
③　革新民主党（仮）の樹立：「立憲」「共産」「維新」「国民」の既成の教条的な「冠」を脱却し、自民党保守勢力に対抗しうる革新民主党を形成
④　国会外直接行動（民主化デモやSNS批判など）の活発化：革新民主党（仮）、労働者・消費者運動、NGO、NPO、九条の会、反天連、各国の反独裁政権民主化運動などとの連帯および連携による、グローカルな運動を推進
⑤　日本政治が国際的人民主権に立脚しリードオフマンとして、その他の非同盟民主国家勢力と連帯し、国連の民主化および核廃絶を推進（核兵器禁止条約の批准拡大他）

最後に、この度編集に関わって頂いた神野斉氏をはじめ明石書店の方々のご尽力ははかり知れず、改めて心からの謝念の意を表したい。

【著者紹介】

向井　豊明（むかい　とよあき）

一九五〇年生。いくつかの大学・大学院で医学、哲学、教育学を専攻。また病院や学校などで医療（検査）や教育に従事し、その間仏教活動、労働組合運動、市民運動などに関わる。

著歴（諸論文省略）：

『医療と医学の思想』（れんが書房新社、1993）

『新・世界史の哲学』（近代出版社、1996）

『空的還元』（れんが書房新社、1999）

『人生に思いを寄せて』（文藝書房、2009）

『医の哲学の世界史』（れんが書房出版社、2011）

『教育の死滅と民主化』（れんが書房新社、2015）

『唯物的空なる気の世界』（れんが書房新社、2019）

世界の危機と再編のシナリオ

―― 日本政治の役割は何か

2022年2月10日　初版第1刷発行

著　者　向井　豊明

発行者　大江　道雅

発行所　株式会社明石書店

〒101-0021 東京都千代田区外神田6-9-5

電　話　03 5818 1171

ＦＡＸ　03 5818 1174

振　替　00100-7-24505

https://www.akashi.co.jp

組　版　朝日メディアインターナショナル株式会社

装　丁　明石書店デザイン室

印刷／製本　日経印刷株式会社

（定価はカバーに表示してあります）　ISBN978-4-7503-5343-2